国家社科基金项目“马克思主义视域下中国城乡社会协同治理研究”（19BKS100）、广州市哲学社科规划2022年度课题（2022GZGJ213）、广东警官学院青年骨干教师培养计划（2020QNGG08）、广东警官学院院级项目（2022—QN07）资助出版

新时代村级党组织功能发挥机制建设研究

钟贤哲　著

WUHAN UNIVERSITY PRESS
武汉大学出版社

图书在版编目(CIP)数据

新时代村级党组织功能发挥机制建设研究/钟贤哲著. —武汉:武汉大学出版社,2022.12

ISBN 978-7-307-23441-3

Ⅰ.新…　Ⅱ.钟…　Ⅲ. 中国共产党—农村—基层组织—党的建设—研究　Ⅳ.D267.2

中国版本图书馆 CIP 数据核字(2022)第 218145 号

责任编辑:聂勇军　　责任校对:汪欣怡　　版式设计:马　佳

出版发行:**武汉大学出版社**　(430072　武昌　珞珈山)

(电子邮箱:cbs22@ whu.edu.cn 网址:www.wdp.com.cn)

印刷:武汉中科兴业印务有限公司

开本:720×1000　1/16　印张:14　字数:206 千字　插页:2

版次:2022 年 12 月第 1 版　　2022 年 12 月第 1 次印刷

ISBN 978-7-307-23441-3　　定价:45.00 元

前　言

“三农”工作历来是全党工作的重中之重。农业的根基在农村，加强村级党组织功能发挥机制建设，充分发挥村级党组织功能，是实施乡村振兴战略，实现农业农村现代化进而建成社会主义现代化强国的重要保证。

新时代为村级党组织功能发挥注入了新的强劲动力，也提出了新的更高要求。如何有效构建村级党组织功能发挥机制，促进村级党组织功能得到充分发挥，是一个具有重要价值和现实意义的课题。

本书以马克思主义为指导，以习近平新时代中国特色社会主义思想为根本遵循，坚持问题导向，运用政治学、社会学、人口学、管理学的系统理论、生态理论、组织理论等多学科理论，通过对湖北省J县村级党组织功能发挥状况的实地调查，分析影响村级党组织功能发挥的因素及其作用机理，重点研究村级党组织功能发挥机制构建的理论逻辑与实践路径。

本书界定了村级党组织功能。在马克思主义视域下，村级党组织功能是一个由根本功能和基本功能构成的有机整体。政治功能是根本功能。基本功能是根本功能的内在属性和实现形式，主要包括自身建设功能、领导功能、服务功能。

本书构建了村级党组织功能发挥的系统分析框架。通过对湖北省J县进行长期的追踪调查发现：村级党组织自身建设弱化、外部环境变化、功能发挥动力不足是影响村级党组织功能发挥的关键因素。本书从学理上分析了体系、环境、动力三者之间的相互关联，对组织功能发挥的影响及其作用机理，建构了系统的分析框架，为村级党组织功能发挥机制建设提供了新的理论视角和学理基础。

本书提出了构建村级党组织功能发挥机制的基本路径。在自身建设机制方面，重点是完善党员队伍质量提升机制、领导班子建设机制、党内政治生态建设机制。在环境建设机制方面，重点是优化思想文化环境建设机制、党群互动机制、上级党组织和政府的制度支持机制。在系统动力机制方面，重点是创新全面从严治党在村级落实的系统动力机制、创先争优的系统动力机制、绩效管理驱动的系统动力机制。

目　　录

第一章　导　　论

第一节　问题的提出与研究意义

一、问题提出

加强党的建设是我们党以马克思主义党建学说为指导，与中国革命、建设和改革的具体实践相结合所形成的宝贵历史经验，是百年来党领导人民不断从胜利走向胜利的重要法宝。1939 年 1 月，毛泽东在《共产党人》发刊词中指出，要建设一个全国范围的、广大群众性的，思想上、政治上、组织上完全巩固的布尔什维克化的中国共产党，并将这一伟大构想称为“伟大的斗争”①。1994 年党的十四届四中全会提出要推进党的建设“新的伟大工程”，使党的建设实现创新发展。党的十八大以来，习近平提出了全面从严治党思想，并将全面从严治党纳入“四个全面”的战略布局之中，提升了党的建设新境界。党的十九大进一步强调了党的建设在“四个伟大”中的决定性作用，提出了新时代党的建设总要求，为全面加强党的建设提

---

① 毛泽东选集(第 2 卷)[M]. 北京：人民出版社，1991：533.

供了根本遵循。

中国共产党作为一个用马克思主义武装起来的政党，其组织体系由党的中央组织、地方组织和各级基层组织构成，是一种“严密性内结构”①。作为中国共产党在农村基层的组织之基，抓好村级党建是党的建设的题中应有之义，也是全面从严治党向基层延伸、向纵深发展的必然要求。党的十八大以来，大多数村级党组织认真贯彻执行“坚持党要管党，全面从严治党”的方针，大力加强自身建设，组织面貌焕然一新，战斗堡垒作用大大增强，功能发挥比较充分。但是也应该看到，少数村级党组织自身建设弱化、虚化、淡化的问题仍然比较突出。2014 年中组部在对全国基层党组织进行的摸底排查中，共排查软弱涣散村级党组织 5.7 万多个，占村级党组织总数的 9.6%②。笔者在 J 县调查发现，许多村级党组织生机勃勃，成绩喜人，也有一部分村级党组织却处于软弱涣散状态，存在严重的功能障碍。2016 年 J 县被纳入县级后进村级党组织转化的有 123 个，占全县村级党组织总数的 19.3%，其中有 27 个后进村党组织被纳入市级管理。近年来，J 县后进村党组织整顿的比例占到全县村级党组织总数的 10%左右。还有一部分村级党组织介于这两者之间，处于中间状态。引人深思的是：在中国共产党的组织体系中，有着相同性质、处于相同层级、具备相同功能的村级党组织之间，其功能发挥状况为什么会存在如此大的差异？它背后的机制是什么？需要构建什么样的机制才能保证村级党组织功能得到充分发挥？现有研究对此尚未予以足够关注。本书以马克思主义党建学说特别是习近平新时代中国特色社会主义党建思想为指导，选取湖北省 J 县为样本，通过实地研究，借鉴学界已有研究成果，致力于对上述问题做出初步回答。

---

① 齐卫平，宋瑞. 试析系统论思想与党的建设科学化[J]. 社会科学，2012(7)：7.

② 刘云山. 在全国农村基层党建工作座谈会上的讲话[J]. 党建研究，2015(8)：11.

二、研究意义

(一)理论意义

(1)本书对村级党组织功能发挥的内在机理进行了理论分析。村级党组织功能发挥是农村党建的一个重要课题，但学界对此的研究尚有待进一步深入。本书从村级党组织功能定位的学理分析入手，在理论上较为系统地阐释了村级党组织功能的结构、内涵、功能发挥的内在机理及基本路径，在一定程度上弥补了现有研究的不足。

(2)本书构建了村级党组织功能发挥的系统分析框架。从系统论的视角来看，村级党组织的功能发挥是在自身与其所依存的环境进行物质、能量、信息交换，维持系统平衡的过程中实现的。同时，作为一个行为系统，村级党组织功能发挥必须有强大的动力作为支撑。组织体系、外部环境、动力系统"三位一体"，是影响村级党组织功能发挥的关键变量，本书揭示了三者之间的逻辑关系、对功能发挥的影响及其作用机理，建立了系统的分析框架，为村级党组织功能发挥机制建设提供了新的理论视角和学理依据。

(二)现实意义

(1)通过对功能发挥机制建设的研究，有利于加强村级党组织自身建设，进一步夯实党在农村领导和执政的组织基础。

从村级党组织在党的组织体系中所处位置的视角来看，村级党组织是中国共产党在农村的基层组织，中国共产党通过村级党组织覆盖了中国人口占比最大的农民群体和地域最为广阔的农村地区，从而形成党对农村的坚强领导。党的路线、方针、政策在农村的执行，都要依靠村级党组织发挥自身功能去落实；党在农村各项工作目标、任务的完成，都要依靠村级党组织发挥自身功能去实现。村级党组织功能发挥是否充分，不仅影响党在农村行使领导权和执政权的效果，还因其本身作为中国共产党组织体系的重要组织基础，必然会影响作为整体的党的建设与功能发挥。因此，加强村级党组织功能发挥机制建设的研究，直面村级党组织功能发挥存在的现实问题，提出应对之策，有利于加强村级党组织自身建设，进一步夯实党对农村实行领导和执政的组织基础。

(2)本书提出了村级党组织功能发挥机制建设的具体路径和方法，为破解村级党组织功能发挥的现实困境提供了具有较强针对性的措施，有利于发挥党建效能，助推乡村振兴。

以村级党组织置身其中的广阔舞台为视角来看，中国的农业、农村、农民问题有其自身的特殊性。党中央历来把“三农”问题作为国之大者。党的十九大报告指出：农业农村农民问题是关系国计民生的根本性问题，必须始终把解决好“三农”问题作为全党工作重中之重①。2018 年 9 月，中共中央、国务院印发了《乡村振兴战略规划(2018—2022 年)》，2021 年 2 月，《中共中央国务院关于全面推进乡村振兴加快农业农村现代化的意见》发布，2021 年 4 月 29 日，十三届全国人大常委会第二十八次会议表决通过《中华人民共和国乡村振兴法》，党的十九届五中全会再次强调：优先发展农业农村，全面推进乡村振兴。农业的根基在农村，农村的基础在村一级。推进乡村振兴，加快农业农村现代化，必须充分发挥村级党组织功能。

任何组织的功能发挥都是通过机制的构建和运行来实现的。本书从理论与实践相结合的层面上，提出了村级党组织功能发挥机制建设的学理依据和具体方法，有利于发挥党建效能，推动乡村振兴战略的实施。

(3)通过对村级党组织功能发挥机制建设的研究，提出推进全面从严治党在村级落实与村级党组织功能发挥有机结合的具体措施，有利于增强

① 习近平. 决胜全面建成小康社会　夺取新时代中国特色社会主义伟大胜利——在中国共产党第十九次全国代表大会上的报告[M]. 北京：人民出版社，2017：32.

党组织功能发挥的有效性。

全面从严治党是党的十八大以来党的建设的鲜明特征，也是新时代党的建设的根本指导方针。推动全面从严治党向基层延伸、向纵深发展，这是以习近平同志为核心的党中央根据党的建设实际做出的重大战略决策，是村级党组织功能发挥的重要保证。同时，村级党组织功能发挥状况也是检验全面从严治党在村级落实成效的尺度。因此，本书提出构建全面从严治党在村级落实与促进村级党组织功能发挥相结合、相协调机制的具体措施，对推动全面从严治党在农村的落实，充分发挥村级党组织功能具有重要的现实意义。

第二节　研究综述

一、研究现状

（一）国内研究

笔者分别以“村级党组织功能发挥的机制建设”为篇名和主题，在中国知网进行检索，没能查到同篇名或同主题的文献资料，考虑到“村级党组织”与“村党组织”“村党支部”的指向相同，笔者尝试分别以“村党组织”“村党支部”置换“村级党组织”再次进行搜索，依然没能找到同篇名或同主题文献。考虑到“功能发挥”与“功能实现”词义基本相近，以“功能实现”置换“功能发挥”，还是没有找到同篇名或同主题文献，这从一个侧面反映了学界与实践工作者对这一问题的关注尚不充分。但是，与本主题相关的研究资料并非空白。一些研究者对农村村级党组织功能定位、功能发挥现状、影响功能发挥的因素及功能发挥途径等进行了广泛探讨，散见于各种专著、学位论文、期刊文章和内部文稿之中，现综述如下：

1. 关于村级党组织功能定位的研究

从总体来看，党的十九大之前，对村级党组织功能定位的研究较为丰富，党的十九大以后，对村级党组织功能定位的理论分析主要基于村级党组织在中国共产党组织体系结构中所处的位置及相应的职能。

党的十九大之前，研究者们分别从不同的视角对村级党组织功能定位提出了自己的观点。一是政治学视角。如翟昌民、赵大朋分别以“国家—社会”为分析框架，定位村级党组织功能，翟昌民提出村级党组织具有政治领导功能、思想领导功能、组织领导功能、利益表达功能、利益整合功能、服务支持功能、监督制约功能①。肖纯柏认为，村级党组织具有领导功能、服务群众功能、利益表达与利益综合功能、政治录用与政治社会化功能②。吴梅芳等认为村级党组织功能一方面是政党一般功能在村级党组织的延续，包括利益表达与利益综合、政治录用与政治社会化等功能，另一方面村级党组织具有领导功能③。二是社会学视角。陈晓莉根据结构—功能理论提出村级党组织具有政治领导、价值引领和整合协商等功能④。周敬青、陈宇宙运用角色理论，对村级党组织功能定位提出了自己的看法。周敬青认为基层党组织应承担“政治引导者、社会协调者、利益代表者、公众服务者、民怨倾听者、纠纷仲裁者、权利保护者、情感寄托者”的角色，将基层党组织功能定位于政治引导、社会协调、利益表达、教育管理监督服务党员和培育社会精英等四个方面⑤。陈宇宙认为村级党组织必须主动调整自己的角色，将功能定位于领导核心、战斗堡垒、发展现代

① 翟昌民. 乡村政治视域中的党建研究[M]. 北京：中共党史出版社，2010：246-250.

② 肖纯柏. 农村基层党组织功能实现途径研究[M]. 北京：人民出版社，2011：20-33.

③ 吴梅芳，周建庆. 农村基层党组织的主要功能与实现途径[J]. 求是，2010(4)：25.

④ 陈晓莉. 功能转换与实现：多元化治理模式中的村级党组织[J]. 理论与改革，2011(3)：140-141.

⑤ 周敬青. 中国共产党基层组织建设的历史嬗变与现实思考[J]. 求是，2012(5)：27-28.

农业、带领农民致富、服务群众、凝聚人心、维稳和促进和谐等方面①。三是新农村建设的视角。闫璐、鲍振东认为村级党组织具有推动发展、服务群众、凝聚人心、促进和谐等功能②。魏小换认为村级党组织具有政治领导、服务群众、利益整合、政治导向等功能③。

党的十九大以来，学界对村级党组织功能定位的探讨主要基于村级党组织在党的组织体系中的地位及其职能。李毅弘、杨雅涵将村级党组织功能定位于政治功能、服务功能、治理功能等三个方面④。李蕴哲、戴玉琴认为政治领导、政治执行、政治整合和政治教育是村级党组织的主要功能⑤。陈善友认为村级党组织具有政治功能、服务功能、教育功能、社会功能⑥。张书林认为党的十九大以来，村级党组织政治功能、服务功能、治理功能凸显，但以政治功能为主⑦。王同昌认为村级党组织功能主要包括全面政治领导、发展经济、服务群众、加强自身建设等四个方面⑧。

2. 关于村级党组织功能发挥现状的研究

大多数研究者认为，改革开放以来至党的十八大以前，部分村级党组织功能弱化是一个不争的事实，研究者们对此较为关注。朱新山通过对内蒙古××村和湖北江汉平原农村的实地调查，归纳了村级党组织功能弱

① 陈宇宙. 农村基层党组织角色、功能定位及其实现途径[J]. 长白学刊，2012(2)：54-55.

② 闫璐，鲍振东. 农村基层党组织的功能定位及实现路径[J]. 人民论坛，2011(32)：82.

③ 魏小换. 我国村级党组织能力建设研究[D]. 大连：大连海事大学，2014：17.

④ 李毅弘，杨雅涵. 新时代村级党组织组织力的生成：理论探析与现实观照[J]. 探索，2019(4)：130.

⑤ 李蕴哲，戴玉琴. 乡村治理中基层党组织功能强化的三维审视[J]. 学海，2020(6)：14.

⑥ 陈善友. 农村基层党组织整体功能定位及其运行逻辑[J]. 人民论坛，2020(7)：65.

⑦ 张书林. 新时代村级党组织组织力提升：动因、要义与路向[J]. 探索，2022(3)：110.

⑧ 王同昌. 新时代农村基层党组织功能创新及实现路径[J]. 中州学刊，2021(10)：11-12.

化、异化的三种形态——“空转”“停转”和“反转”①。赵大朋等指出一些村级党组织出现了“功能障碍”，在引领和推动农村经济社会发展、维护稳定、发展农村先进文化、领导社会治理等方面没有充分发挥功能，村级党组织凝聚力、战斗力明显弱化，领导核心和战斗堡垒作用发挥不明显②。魏小换等通过实证研究指出：税费改革后，部分村级党组织存在政治领导功能弱化，难以动员和组织村民达成集体行动；服务群众功能弱化，村级党组织与群众关系成为“两张皮”；利益整合功能弱化，少数村级党组织领导班子不敢坚持原则，往往回避村庄利益矛盾；政治录用功能弱化，在党员发展和村级后备干部培养方面，忽视德才标准，将一些不符合标准的人员纳入其中③。吴梅芳在安徽、江苏、河南等省进行的专项问卷调查中，得出部分村级党组织“基本上没有发挥作用”的结论④。

党的十八大以来，随着党的建设空前加强，村级党组织功能弱化的现象发生了较大改变，但仍存在不容忽视的问题。谢忠平总结了村级党组织功能发挥存在的问题主要包括政治功能弱化、自身建设功能弱化、引领发展功能弱化⑤。陈善友通过实地调查也发现村级党组织存在功能弱化的问题⑥。曾士花、李民认为尽管农村基层党组织的领导功能在“应然”层面受到广泛关注，但在“实然”层面依然遭遇“边缘化、淡化、虚化”的行动困

① 朱新山. 新时期农村基层党组织的运转现状与执政转型研究[J]. 毛泽东邓小平理论研究，2010(8)：17-18.

② 赵大朋，陈浩然. 城乡关系变迁视角下村级党组织的功能转型与实现[J]. 社会主义研究，2011(5)：63.

③ 魏小换，吴长春. 当前村级党组织功能弱化的表现及其逻辑——基于湖北 H 村调查[J]. 甘肃理论学刊，2013(3)：33-34.

④ 吴梅芳. 农村基层党组织作用发挥状况的调查与思考[J]. 理论探索，2013(3)：49.

⑤ 谢忠平. 强化村级党组织整体功能研究——以天津市涉农区调研为例[J]. 中共天津市委党校学报，2018(2)：9-11.

⑥ 陈善友. 乡村振兴背景下强化村党组织功能的若干路径——基于湖北 W 村的调查[J]. 中州学刊，2019(2)：20-21.

境①。王同昌认为行政村党组织的全面领导功能还未得到充分发挥②。张书林指出一些村党组织功能发挥不畅，处于维持型运转状态③。刘立光认为少数村级党组织存在政治领导功能不强、思想引领功能不强、政治服务功能不强等问题④。

3. 关于影响村级党组织功能发挥因素的研究

大部分研究者认为，村级党组织功能发挥不充分，甚至出现功能障碍，是多种因素共同作用的结果，自身建设因素和环境因素是其中的重要因素。

自身建设因素。魏小换等认为，村级党组织自身建设滞后和脱离实际共同形塑了村级党组织功能弱化的内在逻辑⑤。范如平认为，目前村级党组织存在着领导班子成员人格魅力缺乏，感召力、号召力不强，党员在群众中威信不高，党组织凝聚力、战斗力弱化，党员及村级党组织领导班子后备力量不足等问题，严重影响了村级党组织功能发挥⑥。谢忠平认为，农村党建责任落实不到位、党组织生活不规范、党员队伍建设薄弱是导致村级党组织功能弱化的主要原因⑦。李蕴哲、戴玉琴认为少数村级党组织软弱涣散削弱了基层党组织的政治执行功能⑧。

① 曾士花，李民. 农村基层党组织领导功能实现的四重维度[J]. 长白学刊，2020(2)：20.

② 王同昌. 新时代农村基层党组织功能创新及实现路径[J]. 中州学刊，2021(10)：14.

③ 张书林. 新时代村级党组织组织力提升：动因、要义与路向[J]. 探索，2022(3)：111.

④ 刘立光. 乡村振兴视域下农村基层党组织政治功能探析[J]. 湖南社会科学，2022(3)：39-40.

⑤ 魏小换，吴长春. 当前村级党组织功能弱化的表现及其逻辑——基于湖北 H 村调查[J]. 甘肃理论学刊，2013(3)：34.

⑥ 范如平. 农村基层党组织凝聚力分析[J]. 科学社会主义，2014(3)：74-75.

⑦ 谢忠平. 强化村级党组织整体功能研究——以天津市涉农区为例[J]. 中共天津市委党校学报，2018(2)：12.

⑧ 李蕴哲，戴玉琴. 乡村治理中基层党组织功能强化的三维审视[J]. 学海，2020(6)：16.

环境因素。有部分研究者认为，环境变化带来的冲击是制约村级党组织功能发挥的重要因素。林尚立①、龙观华②认为，改革开放以来，村级党组织拥有的经济、政治及其他资源与人民公社时期相比大幅减少，权力削弱，威信下降，村民对村级党组织的依存度明显降低，增加了村级党组织功能发挥的难度。谢忠平、陈善友认为社会政治经济制度的剧变带来的思想文化多元、集体经济薄弱弱化了村级党组织功能③④。李蕴哲、戴玉琴认为分化的利益形态对基层党组织整合功能带来冲击，多元价值观念对基层党组织的政治教育功能发起了挑战⑤。王同昌认为，改革开放以来特别是进入21世纪以来，农村经济社会结构的深刻变化影响了村级党组织功能的发挥。⑥

4. 关于村级党组织功能发挥途径的研究

自身建设作为党组织功能发挥的重要途径已成为普遍共识。范如平⑦、周忠丽⑧等认为村级党组织要通过增强凝聚力、战斗力、向心力来提升自身建设水平，促进自身功能的实现。谢忠平提出要把握农村党建工作与农村中心工作的结合点、转变领导方式、适应现代治理要求，在加强完善乡村治理中实现功能的发挥⑨。陈善友提出要巩固村级党组织功能发挥的组

---

① 林尚立. 基层组织：执政能力与和谐社会建设的战略资源[J]. 理论前沿，2006(9)：6-8.

② 龙观华. 农村基层党组织影响力弱化现象探讨[J]. 马克思主义与现实，2009(2)：178.

③ 谢忠平. 强化村级党组织整体功能研究——以天津市涉农区调研为例[J]. 中共天津市委党校学报，2018(2)：12.

④ 陈善友. 乡村振兴背景下强化村党组织功能的若干路径——基于湖北W村的调查[J]. 中州学刊，2019(2)：21-22.

⑤ 李蕴哲，戴玉琴. 乡村治理中基层党组织功能强化的三维审视[J]. 学海，2020(6)：16.

⑥ 王同昌. 新时代农村基层党组织功能创新及实现路径[J]. 中州学刊，2021(10)：12-13.

⑦ 范如平. 农村基层党组织凝聚力分析[J]. 科学社会主义，2014(3)：73-76.

⑧ 周忠丽. "空心化"背景下农村基层党组织凝聚力建设研究[J]. 探索，2016(1)：106-108.

⑨ 谢忠平. 强化村级党组织整体功能研究——以天津市涉农区调研为例[J]. 中共天津市委党校学报，2018(2)：13-14.

织基础、物质基础、社会基础、思想基础①。曾士花、李民提出要实现“四个认同”以保证农村基层党组织功能发挥，即强化组织依存以实现组织认同，促进利益连接以提升利益认同，完善基层民主制度以深化制度认同，发挥意识形态功能以厚植价值认同②。张书林提出新时代要着力提升村级党组织组织力发挥功能③。刘立光提出要通过强化政治领导、夯实组织建设、引领人才培养、提升治理水平等强化农村基层党组织政治功能④。

有的研究者指出，充分发挥党组织功能，必须密切关注组织环境并加强环境建设。赵大朋等提出要发挥村级党组织对村民自治的监督和引导作用，为村级党组织功能发挥创造良好的社会环境。陈宇宙提出村级党组织要充分发挥功能，必须在加强自身建设的同时，组织、协调各种社会关系，积极、稳妥地应对和处理各种社会矛盾和冲突⑤。谢忠平提出要优化村级党组织功能发挥的内、外环境⑥。李蕴哲、戴玉琴提出要凝聚乡村利益共同体，提升政治整合功能⑦。王同昌提出要更好地围绕村庄公共事务发挥功能，赢得群众支持⑧。

关于功能发挥途径研究的另一个比较突出的特点是：较多的研究者都

① 陈善友. 乡村振兴背景下强化村党组织功能的若干路径——基于湖北 W 村的调查[J]. 中州学刊，2019(2)：22-23.

② 曾士花，李民. 农村基层党组织领导功能实现的四重维度[J]. 长白学刊，2020(2)：21-26.

③ 张书林. 新时代村级党组织组织力提升：动因、要义与路向[J]. 探索，2022(3)：111.

④ 刘立光. 乡村振兴视域下农村基层党组织政治功能探析[J]. 湖南社会科学，2022(3)：41-43.

⑤ 陈宇宙. 农村基层党组织角色、功能定位及其实现途径[J]. 长白学刊，2012(2)：56.

⑥ 谢忠平. 强化村级党组织整体功能研究——以天津市涉农区调研为例[J]. 中共天津市委党校学报，2018(2)：15.

⑦ 李蕴哲，戴玉琴. 乡村治理中基层党组织功能强化的三维审视[J]. 学海，2020(6)：19.

⑧ 王同昌. 新时代农村基层党组织功能创新及实现路径[J]. 中州学刊，2021(10)：15.

强调了发展和壮大村级集体经济对于发挥村级党组织功能的重要性。如丁伟①、谌玉洁②、谢忠平③、毛铖④、陈善友⑤等均提出了类似的观点。

(二)国外研究

通过在中国知网进行查询，目前没有发现国外以中国共产党村级党组织功能发挥机制为研究对象的相关成果，但对于中国共产党的研究较为活跃，对乡村政治也有一定的关注度，这些对本书有一定的镜鉴作用。相关研究主要集中在以下几个方面：

(1)党的领导。部分海外学者较为关注以习近平同志为核心的中共中央的治国理政能力。沈大伟认为实行“党领导一切”巩固了中国共产党的领导地位⑥。魏昂德认为习近平扭转了曾一度日趋严重的“无组织的领导倾向”⑦。彼德·诺兰认为，在习近平强有力的领导下中共官员的能力显著增强，执政的专业水平显著提升⑧。伊丽莎白·依柯诺米认为习近平重塑了中国共产党的领导作用⑨。部分学者认为十八大以来中国共产党通过加

---

① 丁伟. 新形势下服务型农村基层党组织建设研究[D]. 中共中央党校，2014：18.

② 谌玉洁. 转型期农村基层党建的理论与路径研究[D]. 中共中央党校，2014：25.

③ 谢忠平. 强化村级党组织整体功能研究——以天津市涉农区调研为例[J]. 中共天津市委党校学报，2018(2)：14.

④ 毛铖. 农村基层党组织在村集体经济发展中的关键性引领作用——基于南街村、周家庄与官桥八组的典型调查[J]. 中共福建省委党校学报，2019(4)：101.

⑤ 陈善友. 乡村振兴背景下强化村党组织功能的若干路径——基于湖北 W 村的调查[J]. 中州学刊，2019(2)：81-87.

⑥ David Shambaugh. Xi Jinping's China：Going Backward to Move Forward[J]. Asia Policy，2018(13)：23.

⑦ Andrew G Walder. Back to the Future? Xi Jinping as an Anti-bureaucratic Crusader[J]. China：An International Journal，2018(16)：27.

⑧ 世界在变，而中国是最重要的变化[EB/OL]. [2019-01-30]. http://ihl.cankaoxiaoxi.com/2017/1020/2239741.shtml.

⑨ Elizabeth C Economy. Author's Response：The Third Revolution Is Real[J]. Asia Policy，2018(13)：101.

强全面从严治党①、制度顶层设计②等措施，加强了中国共产党的执政合法性。

（2）意识形态。国外学者对意识形态在中国的作用比较关注，认为马克思主义是中国建党以来不断进行自我革新的动力来源。唐文芳认为中国共产党的政治文化极大地影响了国民的政治态度和行为③。部分学者注意到中国共产党在意识形态方面的新发展。"中国梦"一提出就引起海外学者的高度关注，有学者认为，"中国梦"作为一种积极的表述，反映出中国共产党领导层对过去、现在与未来的看法④。有学者认为，习近平对毛泽东时代的理论进行了创造性转化，使其重新适合于实现"中国梦"的目标⑤。克里·布朗认为，中国共产党提出的百年奋斗目标，指引了未来发展方向⑥。海外学者对中国共产党意识形态的宣传也较为关注。有学者认为，中国共产党意识形态宣传工作的成功在于构建了强大的组织网络，中央把宣传任务下达给各级党员领导干部，通过他们传达给大众⑦。同时有学者认为中国共产党也面临着如何满足社会文化需要日益多样化的挑战⑧。

（3）乡村政治。有学者对乡镇干部的任命、管理及其影响进行了研究。

① 中共生命力远超西方想象[EB/OL]．[2019-01-30]．http://column.cankaoxiaoxi.com/g/2016/0712/1227646_3.shtml.

② Sebastian Heilmann. Maximum Tinkering Under Uncertainty: Unorthodox Lessons From China[J]. Modern China, 2009(35): 27.

③ Tang Wenfang. Populist Authoritarianism: Chinese Political Culture and Regime Sustainability[M]. Oxford University Press, 2016: 35.

④ Barry Naughton. Is China Socialist? [J]. Journal of Economic Perspectives, 2017(1): 21.

⑤ Yang Guobin. The Return of Ideology and the Future of Chinese Internet Policy[J]. Critical Studies in Media Communication, 2014(2): 51.

⑥ Kerry Brown. The Belt and Road: Security Dimensions[J]. Asia European Journal, 2018(16): 21-22.

⑦ Lin Chunfeng. From "poison" to "seeder": the gap between propaganda and xuanchuan is cultural[J]. Asian Journal of Communication, 2017(5): 71.

⑧ Ashley Esarey, Daniela Stockmann, Zhang Jie. Support for Propaganda: Chinese perceptions of public service advertising[J]. Journal of Contemporary China, 2017(103): 29.

曼宁认为在对乡镇官员的任命中，尽管乡镇部门的意见正变得日渐重要，但是县委组织部的推荐意见仍然具有决定性作用①。欧博文发现，由于中央监管能力的不足，地方官僚能够“有选择性”地执行中央的政策，结果，一些有利于农民的政策由于地方官僚的阻挠而无法得到落实②。国外学者对于农村村民选举褒贬不一。李连江认为，由于赋予农民在村民选举中的选择权，大大增强了村干部的责任性，这无疑有利于中国农村治理状况的改善③。帕斯特和谭青山的研究表明，村民选举的最大功能就在于它为农民提供了表达利益和发泄不满的制度渠道④。欧博文认为中国农村地区的权利意识觉醒是一个不断发展中的公民社会的先声，它或许将从根本上改变中国农村的权力结构⑤。白思鼎⑥、裴宜理等⑦认为从西方选举标准看，村民选举的民主程序还要完善。

二、研究述评

现有研究取得了一定成果，但也存在局限和不足，客观看待和分析这种现状，有助于我们对村级党组织功能定位及功能发挥机制的构建作更深入的研究。

---

① Melanie Manion. Chinese Democratization in Perspective: Electorates and Selectorates at the Township Level[J]. The China Quaterly, 2000(1): 63.

② Kevin O'Brien. Selective Policy Implementation in Rural China[J]. Comparative Politics, 1999, 31(2): 59.

③ Li LianJiang. The Empowering Effect of Village Electionns in China[J]. Asian Survey, 2003, 43(4): 29.

④ Robert Paster, Tan Qingshan. The Meaning of China's Election[J]. The China Quarterly, 2000(1): 62.

⑤ Kevin O'Brien. Villagers, Elections, and Citizenship[C]. Conference on the Impact of Village in China, 2001.

⑥ Thomas P Bernstein. Village Democracy and Its Limits[J]. ASIEN 99, 2006: 51.

⑦ Elizabeth J Perry, Merle Goldman. Grassroots Polotical Reform in Contemporary China[M]. Harvard University Press, 2007: 14.

（一）研究特点

1. 国内研究特点

现有研究在坚持以马克思主义理论为指导的前提下，借鉴多学科成果，具有较宽阔的研究视野。

不少研究都采取了实地研究或实证研究的办法，与农村党建实际结合得较为紧密。

2. 国外研究特点

总体来看，近年来海外的相关研究视角较为丰富，同时越来越多的研究者包括以前唱衰中国的部分学者已注意到中西方话语体系的差异，理性的声音和客观评价逐渐增多。

（二）研究局限

1. 对村级党组织个性有所忽略

有的研究把村级党组织和乡镇党委作为同一层次的对象，仅仅只考虑到两者之间同属于农村基层党组织范畴，而忽略了两者的特殊性，事实上村级党组织与乡镇党组织在服务对象、运行机制、成员素质等方面存在很多不同①。改革开放以后农村政治体制改革使村级党组织成为“无直接行政权力依托型”党组织，而乡镇党委则可以依靠国家基层政权开展工作，二者存在着明显区别②，在中国共产党的组织体系中，乡镇党委和村级党组织之间是一种领导与被领导的上、下级关系，其功能不可能“上下一般粗”。将村级党组织和乡镇党委作为同一层次的分析对象，往往导致分析

① 王久高. 新时期中国共产党村级组织建设研究[M]. 北京：人民出版社，2010：12.

② 赵大朋. 城乡统筹背景下村级党组织功能转型问题研究[D]. 武汉：华中师范大学，2012：2.

比较笼统，针对性不强。有的简单套用西方政党理论，忽视村级党组织作为中国共产党基层组织的特性，其定位脱离了研究对象的具体语境。有的以“政党化”视角来定位村级党组织功能，但这种“政党化”以西方标准为取向，脱离了中国的政情、党情、国情。

2. 对功能定位的层次把握不准

有的研究将不同位阶的功能交叉在一起，造成功能混淆，有的将村级党组织职能或实际工作等同于村级党组织功能，学理性不强。

3. 对功能发挥机制建设缺乏关注

有少数研究者虽然对政党功能优化的意义及途径包括构建有关的机制进行了探讨，但关注的层次比较宏观、单一，对村级党组织功能发挥机制建设的关注度不够。

此外，国外学者的研究主要以西方中心主义来解读中国现象，受研究者的意识形态观念影响较大，与中国实际情况有一定差距。

第三节 研究内容与研究方法

一、研究内容

本书分为导论、正文与结语三个部分。

导论为书的第一章，主要包括：问题的提出和研究意义，研究综述，研究内容与研究方法，研究的创新点，样本概况与选择理由。

正文部分由第二章至第五章构成。每章的具体内容为：

第二章：村级党组织功能发挥机制建设的基本理路。首先，对村级党组织功能定位进行了学理分析。以唯物辩证法作为村级党组织功能定位的根本方法，把对政党功能结构的普遍性分析与对村级党组织功能结构的特殊性分析结合起来，提出村级党组织功能是一个由根本功能和基本功能有机构成的整体系统。村级党组织作为中国共产党在农村的基层党组织，政治属性是其根本属性，政治功能是其根本功能。建强战斗堡垒，巩固执政之基，践行党的宗旨，是其基本指向。相应地外化为自身建设功能、领导功能、服务功能等基本功能。根本功能与基本功能有机统一，构成村级党组织整体功能系统。其次，在功能定位的基础上，对村级党组织功能发挥的现实状况进行了考察，分析了功能发挥困境生成的内在逻辑，提出了建设村级党组织功能发挥机制的总体构想。

第三章：完善村级党组织自身建设机制。任何政治体系的功能发挥都必须立基于体系自身的生存与发展。自身建设是我党的优良传统和宝贵经验，村级党组织在继承和发扬党的建设成功方法的同时，必须与时俱进地抓好自身建设，重点是完善党员队伍质量提升机制、领导班子建设机制、政治生态建设机制。

第四章：优化村级党组织环境建设机制。任何组织的生存发展与功能发挥都必须依赖于与外部环境的良性互动。面对复杂动态的外部环境，村级党组织要优化环境建设机制，以控制和适应自身所处的环境，重点是优化思想文化环境建设机制、党群互动机制、上级党组织和政府对村级党组织的制度支持机制。

第五章：创新村级党组织功能发挥动力建设机制。任何政治组织都是一个行为系统，其功能发挥需要持久而强大的动力作为支撑。村级党组织功能发挥的动力既来自村级党组织内部，也来自村级党组织外部。只有将两者关联起，才能形成大于各部分之和的整体动力，重点是创新全面从严治党在村级落实的系统动力机制、创先争优与三级联创的系统动力机制、绩效管理驱动的系统动力机制。

结语部分根据本书的研究结果，对导论中提出的问题做出了回答，对下一步研究提出了展望。

二、研究方法

（一）实地研究

笔者利用在J县县委组织部跟班学习的机会，对全县21个乡镇、2个农场(管理区)及60多个村庄进行了田野调查，通过观察和深度访谈，获得了大量的一手资料，跟班学习结束后，仍坚持追踪研究，对J县农村党建的动态比较了解，这为本书的研究打下了较为坚实的基础。

(二)运用多学科的理论和方法

村级党组织功能发挥机制本身具有的复杂性，决定了必须运用多学科的理论和方法来进行综合性研究。本书在坚持以马克思主义党建学说特别是习近平新时代中国特色社会主义党建思想为根本遵循的前提下，运用了政治学、组织学、社会学、管理学的系统理论、生态理论、组织理论等多学科理论。

第四节 创 新 点

一、功能内涵界定的创新

本书提出村级党组织功能是一个由根本功能和基本功能有机构成的整体系统。政治功能是根本功能。基本功能是根本功能的内在属性与实现形式，主要包括自身建设功能、领导功能、服务功能。这一定位有利于克服既有研究中简单套用西方政党功能理论、忽视村级党组织个性以及功能定位层次不清、不同位阶的功能相互混淆等问题。

二、分析框架的创新

本书构建了村级党组织功能发挥的系统分析框架。既有研究往往局限于对村级党组织功能发挥的现象考察和关系探讨，尚未建立科学的分析框架。本书将村级党组织视为一个行为系统，将自身建设、环境建设、动力建设作为关键变量，揭示其内在的逻辑关联、对功能发挥的影响及其作用机理，建构了系统分析框架，为村级党组织功能发挥机制建设提供了新的理论视角和学理依据。

三、研究视角的创新

在党的组织体系中，县、乡(镇)、村是一个紧密联系的整体系统。县级党委是一个经济、政治、文化和社会功能比较完整的基本政治单元，是农村基层党建的“一线指挥部”。乡(镇)党委在县、乡(镇)、村党建体系中处于承上启下位置，是村级党建的龙头。村级党组织是村级党建的主体和执行者。本书采用县域视角，选取湖北省J县作为样本，通过对全县域村级党组织功能发挥状况的调查了解，从县、乡(镇)、村三级党组织的互动中展开分析，有利于突破现有研究的局限。

第五节　样本概况与选择理由

一、样本概况①

(一)行政区划

夏商时期，J县属于古南蛮国。公元222年，吴国在此设卡派官“监收鱼稻之利”，J县由此而得名，距今已有近1800年的历史了。南北朝时期，华容县属荆州，J地改属巴陵郡。隋唐五代时，J县的建制没有多大变化。南宋度宗咸淳年间，J县被废置。直到元朝末年，重又设立。明代J县属荆州府，清朝一直沿袭未变。J县现隶属湖北省荆州市，辖21个乡镇、2

① 相关内容及数据主要来源于《J县县志》《J县统计年鉴(2021)》。

个农场(管理区)，总面积3460平方公里，2021年总人口数为154.61万。

(二)经济社会

J县是享负盛名的鱼米之乡，是国家现代农业示范区首批改革与建设试点县，连续多年被授予“全国粮食生产县标兵”称号，是全国水稻第一县、中国小龙虾第一县、中国黄鳝特色县、全国生猪出口和调出大县、全国面点师之乡、国家园林城市。“三农”问题曾经十分突出，2000年2月，J县一名乡党委书记上书朱镕基总理，道出了“农民真苦、农村真穷、农业真危险”的实情，引起了中央高度重视和社会各界的极大关注，J县被作为政界、学界解读和解剖中国“三农”问题的典型和样本。共和国三任总理朱镕基、温家宝、李克强等都曾亲赴J县视察调研。2003年，J县成为时任湖北省委书记俞正声的联系点，俞正声曾先后八次深入J县村组农户调研，并以J县作为税费改革试点引领推动全省农村综合配套改革工作。

随着时代的发展，国家对“三农”问题的解决力度不断加大。从“税费改革”到城乡二元结构改革，从中央一号文件连续关注“三农”到“乡村振兴”战略实施，都极大地推动了农业农村的发展和进步，J县牢牢抓住每一次机遇，从“三农”困境中奋力突围，逐步走上了农业强、农村美、农民富的发展路子，实现了从农业强县、经济穷县到活力之县的转变，被评为中国最具投资潜力特色县。2021年，全县地区生产总值335.83亿元。

离乡从业①经济是J县的一大特色，也是农民持续增收致富的重要来源。据统计，J县现有离乡从业人员34.39万人，占农村劳动力总数71.86万人的47.86%，玻铝、面点两大产业从业人员不仅遍布全国，而且还走向了世界。

---

① 本书考虑到农民离乡从事职业多样化的客观事实，以“离乡从业”来替换“外出务工经商”概念。

（三）人文特色

J 县是楚文化的重要发祥地之一，是春秋名相伍子胥、楚国大夫申包胥的故乡。屈原曾在 J 县境内一个名叫濠口的村庄坚持《离骚》的写作，留下了“濯缨台”“屈原饼”等佳话。荆楚文化孕育的筚路蓝缕、崇文重教、向上向善、自强不息、开拓创新的文化传统，为 J 县人民留下了宝贵的精神财富。

J 县是著名的革命老区，红色摇篮。土地革命时期，J 县是中共湘鄂西特委、湘鄂西中央分局、中共湘鄂西省政府所在地，是湘鄂西革命根据地的中心，是红军三大主力之一的第二方面军的诞生地。来自五湖四海的英雄儿女在 J 县这片红色的沃土上演绎了一部部波澜壮阔、荡气回肠的革命斗争大剧，有 15 万英雄儿女在这里洒下了他们最后的一滴鲜血。歌剧《洪湖赤卫队》从一个侧面反映了第二次国内革命战争时期 J 县的斗争历史，剧中的主要角色——韩英、刘闯的原型都是来自 J 县的优秀儿女。中共党员张孝贵、陈步云是韩英的主要原型，李铁青则是刘闯的主要原型。湘鄂西革命根据地旧址有 323 处留存在 J 县 ZL 镇。湘鄂西革命根据地旧址群属全国重点文物保护单位，是全国百处“红色旅游”经典景区。

J 县是一座大爱之城。J 县是 1998 年长江抗洪的主战场，与百年一遇洪水的搏击不仅孕育诞生了伟大的抗洪精神，而且也写下了军民鱼水情的壮丽篇章。2015 年 6 月 1 日从南京驶往重庆的“东方之星”客轮在长江 J 县水域翻沉，J 县广大党员干部群众积极参与救援和善后工作，用担当和善行体现了人间真情。李克强总理曾专门做出批示，对 J 县广大党员干部群众主动担当、舍己为人的小城大爱精神给予了充分肯定。

J 县是全国著名的文化之县（乡），被评为中国最佳楹联文化县、中华诗词之乡、民间文化艺术之乡。

(四)村级党建

1. 村庄基本情况①

J 县总人口 154.61 万人，其中农村劳动力 71.86 万人，耕地面积 184.58 千公顷，2021 年农民人均收入达到 20410 元。J 县原设置行政村 768 个，2014 年启动第一轮村级规模调整改革，将 768 个行政村调整为 637 个，2017 年再次进行村级规模调整改革，将 637 个行政村调整为 323 个行政村，50 个农村社区。

2. 村级党组织及党员基本情况②

J 县共设置 373 个村级党组织，共有农村党员 29854 名。其中在村党员③ 21828 名，占 73.1%，流动党员 8026 名，占 26.9%。366 个行政村配齐了村党组织书记，占应配备数的 98.1%。班子成员有 1801 名，基本情况见图 1-1、图 1-2 和表 1-1。

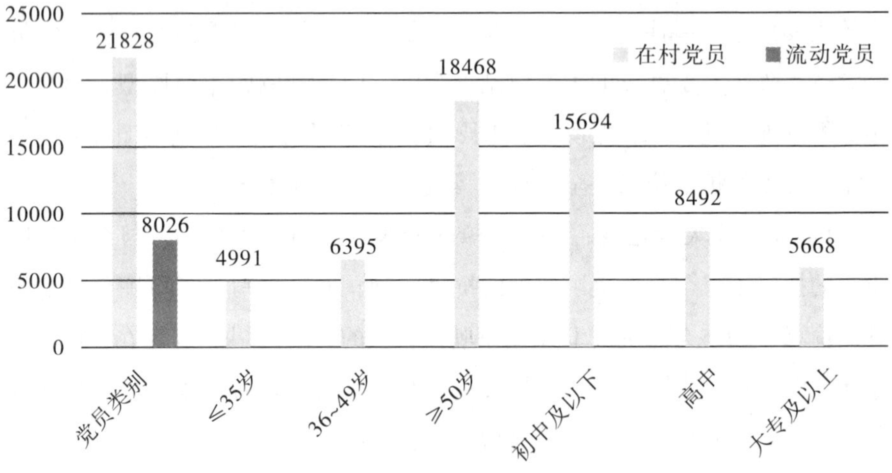

图 1-1 J 县村级党组织党员基本情况

① 源自《J 县统计年鉴(2021)》。
② 源自 J 县县委组织部 2021 年有关统计报表。
③ 指组织关系在本村且应参加本村党组织活动的党员。

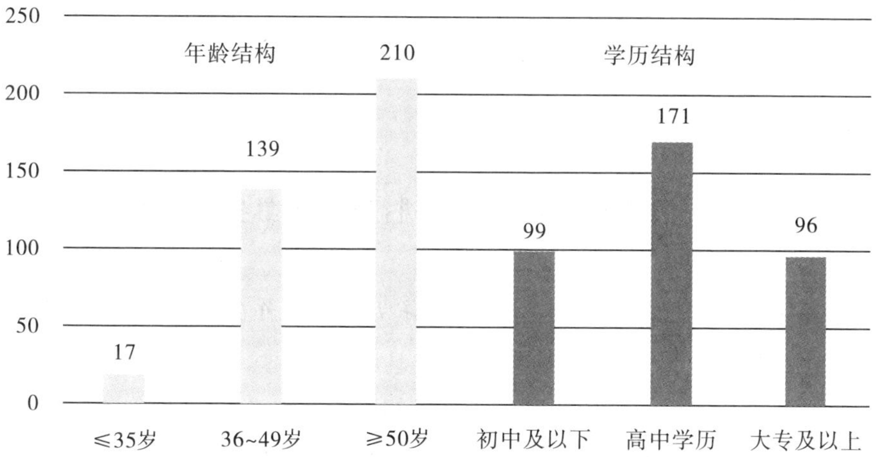

图 1-2 村级党组织书记基本情况

表 1-1 村级党组织班子成员基本情况(2021 年 5 月)

基本情况		人数	比重%
年龄	35 岁及以下	448	24. 88%
	36~49 岁	679	37. 70%
	50 岁及以上	674	37. 42%
性别	男	1321	73. 35%
	女	480	26. 65%
学历	初中及以下	481	26. 70%
	高中	910	50. 53%
	大专及以上	410	22. 77%

二、选择理由

(一)村级党组织类型丰富

目前，J 县经济仍以农业为主，所辖乡镇和行政村数量较多，每个行政村党组织所处的环境、面临的困难、功能发挥的状况也各有特点，从整体上呈现出多样性、复杂性特点，村级党组织的各种类型基本上都能从中找到缩影。

（二）选择一个农业大县作为样本进行研究更具参考价值

党的十九大强调要把“三农”问题作为全党工作的重中之重。J县曾因“三农”问题为世人关注。近年来，J县在破解“三农”问题上取得了较为明显的成效。村级党组织处于农业农村的第一线，在破解“三农”问题上发挥了什么功能，是怎样发挥功能的，有哪些经验和不足，怎样才能更好地发挥功能，选择J县这样一个农业大县作为样本，对上述问题进行实地研究，对我国广大农村，特别是中西部地区的农村加强农村基层党建，充分发挥村级党组织功能，大力推进乡村振兴，具有一定的启示和借鉴意义。

（三）村级党建探索创新成果较多

党的十八大以来，J县县、乡（镇）、村三级党组织高度重视村级党组织建设与功能发挥，大胆进行实践创新，收到了较好的效果，为本书提供了生动的实践案例。

（四）调查研究较为便利

费孝通先生曾经指出，要进行深入细致的调查研究，“调查者必须充分接近被调查者，以便能够进行密切的观察”①。J县是笔者的家乡，笔者对J县的人文、地理、语言都较为熟悉，可以避免“进场”的许多障碍，加

① 费孝通. 江村经济[M]. 上海：世纪出版集团、上海人民出版社，2007：17.

之又有在J县县委组织部跟班学习的机会，既能够较为方便地进行田野调查，又能够便利地掌握全县村级党建的有关资讯，还能够得到县委组织部这些知识型、实干型的一线党务工作者的指导，汲取他们的智慧，这些对研究工作无疑大有裨益。

第二章　村级党组织功能发挥机制建设的基本理路

当代政治学理论认为，功能是结构的基本属性，任何政治体系都具有一定的功能而且以其功能发挥为存在价值。所谓功能，就是具有一定结构的系统与外部环境发生联系所具有的内在属性①。功能发挥就是这种内在属性外显化的过程。任何政治体系的功能都要通过机制的构建和运行才能得以实现。村级党组织功能发挥也必须构建相应的机制。村级党组织功能发挥机制就是使其功能外显化的内在机理与方式、方法。

周淑真教授指出："政党政治首先应该研究政党有哪些功能作用和如何积极地发挥这些作用。"②村级党组织作为中国共产党在农村的基层组织，具有独特的地位和使命，科学定位村级党组织功能，建设功能发挥机制是一个具有重要理论和现实意义的课题。

---

① 吴梅芳，周建庆．农村基层党组织的主要功能与实现途径[J]．求是，2010(4)：25.

② 周淑真．政党政治学[M]．北京：人民出版社，2011：195.

第一节　村级党组织功能定位的学理分析

一、村级党组织功能定位的方法论

科学的功能定位是建设村级党组织功能发挥机制的逻辑前提。学界对村级党组织功能定位已经取得了一定洞见，但也存在诸多不足。一是有的研究简单地套用西方政党理论来作为定位依据，忽视了村级党组织作为中国共产党在农村的基层组织的特殊性。二是有的研究将乡镇党委和村级党组织作为一个整体对象，模糊了不同层级党组织之间的功能差异，功能定位缺乏针对性、精准性。三是有的研究把村级党组织职能等同于村级党组织功能，有的甚至把功能与职能交叉在一起，造成功能混淆不清。这些不足的共同之处，就是在方法论方面存在一定缺陷。笔者认为，科学定位村级党组织功能，必须以马克思主义唯物辩证法为指导。恩格斯曾经指出："马克思的整个世界观不是教义，而是方法。它提供的不是现成的教条，而是进一步研究的出发点和供这种研究使用的方法。"①唯物辩证法是"最完备最深刻最无片面性的关于发展的学说"②，是我们分析一切事物的科学指南，因而也是进行村级党组织功能定位的根本方法。

矛盾分析方法是唯物辩证法的灵魂和核心。辩证唯物主义认为：认识事物就是认识矛盾，解决矛盾必须立基于对矛盾的认识。一方面矛盾具有普遍性。毛泽东指出："矛盾存在于一切过程中，并贯串于一切过程的始终。"③另一方面矛盾也具有特殊性，即各种具体事物、过程和阶段所包含的矛盾都有其具体特点。任何事物都是矛盾普遍性和特殊性的统一，矛盾

---

① 马克思恩格斯文集(第10卷)[M]. 北京：人民出版社，2009：691.

② 列宁专题文集·论辩证唯物主义与历史唯物主义[M]. 北京：人民出版社，2009：334.

③ 毛泽东选集(第1卷)[M]. 北京：人民出版社，1991：319.

的普遍性和特殊性原理是我们定位村级党组织功能的重要理论遵循。从矛盾普遍性和特殊性相统一的视角来看，村级党组织功能是政党功能共性和村级党组织功能个性的辩证统一。一方面，村级党组织功能应该体现政党普遍具有的基本功能特征，遵循政党政治的一般规律。另一方面，也要体现出村级党组织的功能个性。列宁指出："任何一般都是个别的(一部分，或一方面，或本质)。任何一般只是大致地包括一切个别事物。任何个别都不能完全地包括在一般之中。"①因此，我们必须坚持在辩证唯物主义矛盾分析方法的指导下，运用矛盾普遍性和特殊性的原理，在全面把握政党功能结构的基础上，通过对具体问题的具体分析，准确定位村级党组织功能。

二、政党的功能结构分析

矛盾具有普遍性是认识和处理问题的前提，准确把握村级党组织功能构成，必须从分析政党功能入手。

对于政党的功能，中外学者进行了大量研究，虽然未能达成一致共识，但也形成了一些较有影响力的观点。如萨托利认为政党具有代表性功能。欧内斯特·巴克认为政党具有连接社会与国家的功能。他指出：政党是把一端架在社会，另一端架在国家上的桥梁②。巴托里尼和梅尔认为政党具有代表性功能和程序性功能③。国内研究者中，周淑真提出了政党功能的四个主要方面，主要包括利益表达和利益整合、纲领和政策制定、政治社会化、政治精英的培养与录用等④。上述研究主要基于政党与国家和

① 列宁专题文集·论辩证唯物主义与历史唯物主义[M]. 北京：人民出版社，2009：150.

② Harmel R, Zandana K. Parties and It's conditions[M]. Longman Press, 1982：71.

③ Larry Dimond, Matin P Watterberg. Political Parties and Democracies[M]. Johns Hopkins University Press, 2001：121.

④ 周淑真. 政党政治学[M]. 北京：人民出版社，2011：197-209.

社会关系，这一视角为村级党组织功能定位提供了有价值的参考。

由于政党性质的不同，政治体制的差异，相对于西方政党，中国共产党与国家和社会的关系及在相互互动中所发挥的功能，有着自身鲜明的特质。党不仅是作为国家与社会间联系的桥梁和中介，而且在与国家和社会的关系中居于领导地位。中国共产党的领导是中国特色社会主义最本质的特征，是中国特色社会主义制度的最大优势。党政军民学，东西南北中，党是领导一切的。党的领导在国家维度上，是以维护和巩固国家政权，实现长期执政的政治目标为指向的。列宁指出，国家政权问题是全部政治的基本问题、根本问题。要实现广大人民群众的根本利益，党必须执掌国家政权。在社会维度上，党的领导以坚持人民主体地位，实行人民群众的意志和要求作为目标。马克思主义认为政党就是实现特定阶级利益的政治组织，全心全意为人民服务是中国共产党的最高价值追求。在自身建设维度上，党的政治目标的实现，必须立基于自身建设的坚强有力和领导作用的充分发挥。

从上述分析可以看出，尽管有的西方学者刻意回避政党的政治属性来谈论政党功能，但毋庸置疑，所有政党都有着鲜明的政治立场和代表特定阶级的本质属性①。无论何种类型的政党，政治属性是其根本属性，政治功能是其根本功能。马克思主义认为：政党本质上是特定阶级利益的集中代表，是特定阶级中的领导力量，是由各阶级的政治中坚分子为了夺取或巩固国家政治权力而结成的政治组织②。毛泽东指出：政党就是一种社会，是一种政治的社会，政治社会的第一类就是党派，党是阶级的组织。政党组织的根本功能总是要通过与其所依存的环境即国家和社会的互动来发挥，其实现形式和具体体现就是政党组织的基本功能，政党功能是一个由根本功能和基本功能构成的有机系统。

---

① 韩喜平，刘雷．建立不忘初心、牢记使命制度的内在逻辑[J]．当代世界与社会主义，2020(1)：29.

② 王浦劬．政治学基础(第2版)[M]．北京：北京大学出版社，2006：209-210.

三、村级党组织功能定位

辩证唯物主义认为，不同事物的矛盾具有各自不同的特点，对事物的认识、对问题和矛盾的解决，最主要的是对矛盾特殊性的认识。毛泽东曾经说过："对于物质的每一种运动形式，必须注意它和其他各种运动形式的共同点。但是，尤其重要的，成为我们认识事物的基础的东西，则是必须注意它的特殊点，就是说，注意它和其他运动形式的质的区别。"①从抽象的层次而言，村级党组织作为一种政党组织，从总体上具有与政党组织相同的功能结构，但是村级党组织又具有自身的特点，因而村级党组织的功能构成既具有政党组织功能的普遍性又具有自身的特殊性，是普遍性和特殊性的统一。

村级党组织功能的特殊性是由其自身特点所决定的。村级党组织是中国共产党在农村的基层组织。因所处的特殊地位，其在社会政治生活中所担当的角色与一般政党基层组织表现出明显的不同，具有"三重代表"身份。第一，其是中国共产党在农村基层的代表。中国共产党是中国特色社会主义的领导核心，这是历史的选择，人民的选择，也是宪法所规定的。中国共产党的领导是通过自身严密的组织体系即党的中央组织、地方组织、基层组织来完成的，党对农村基层的领导和执政权的行使，要通过村级党组织来实现。因此，村级党组织就成为党在农村基层的代表，在社会政治生活中具有独特的地位。《中国共产党章程》《中国共产党农村基层组织工作条例》《中国共产党支部工作条例》《村民委员会组织法》都明确指出村级党组织是村级各种组织和各项工作的领导核心，它既不同于一般意义上的国外政党基层组织——国外政党基层组织通常只是作为选举的工具，以自己的活动为所属的政党争取选票，也不同于我国非公有制经济组织、社会组织、实行行政领导人负责制的事业单位、党和国家机关中的基层党

① 毛泽东选集(第1卷)[M]. 北京：人民出版社，1991：308.

组织——按照党章规定，这些党组织不具备领导核心地位。第二，村级党组织同时也是国家在村庄行使主权的代表。尽管我国农村基层普遍实行了村民自治，但是国家仍然对每一个村庄拥有最高统治权。国家的职能通常是由政府来承担和执行的①。按照中国现行的政治制度，国家政权止步于乡镇，但国家政务不可能不在村庄场域推行。由于《村民委员会组织法》已经明确规定，作为国家在乡镇代表的乡镇人民政府只能对村民委员会的工作给予指导、支持和帮助。因此在中国语境下，只能由村级党组织作为上级政府的代表，在村庄场域执行国家政令，推行国家政务。第三，从中国共产党的价值追求来看，全心全意为人民服务是我们党的根本宗旨，也是无产阶级政党区别于其他政党的本质特征。马克思、恩格斯在《共产党宣言》中指出："无产阶级的运动是绝大多数人的，为绝大多数人谋利益的独立的运动。"②毛泽东也指出："共产党是为民族、为人民谋利益的政党，它本身决无私利可图。"③党是人民群众经过实践选择并且是为他们服务的政治工具，习近平总书记多次告诫全党要"不忘初心、牢记使命"。党的十九届四中全会提出要建立"不忘初心、牢记使命"制度。作为党在农村基层的组织和全部工作与战斗力的基础，代表村庄人民群众的根本利益是村级党组织的神圣使命。

村级党组织的自身特性内在地规定了其功能结构。作为中国共产党在农村基层的组织，政治属性是根本属性，政治功能是根本功能。其基本指向为：在国家维度上，村级党组织是党的领导向农村基层延伸的载体和党执政的基层基础，要发挥领导功能。在社会维度上，其是为农民群众服务的工具，要发挥服务功能。在组织体系维度上，要发挥自身建设功能，使自身变得坚强有力。从总体上看，村级党组织功能是一个由根本功能和基本功能有机构成的整体系统，政治功能是根本功能。自身建设功能、领导功能、服务功能是政治功能的内在属性与实现形式，是基本功能。

① 柴宝勇. 政党功能：涵义与内在逻辑[J]. 长白学刊，2011(3)：67.

② 马克思恩格斯文集(第2卷)[M]. 北京：人民出版社，2009：42.

③ 毛泽东选集(第3卷)[M]. 北京：人民出版社，1991：809.

政治功能是村级党组织的根本功能。政治权力是一切政治的根本问题。巩固执政地位、实现长期执政，是中国共产党的首要政治目标。作为党在农村基层的组织，村级党组织要围绕这一目标，坚持政治属性，发挥政治功能。其核心内涵就是落实党对农村的全面领导，巩固党在农村执政的基层基础，确保党的路线、方针、政策和决策部署的贯彻执行，完成上级党和政府安排的各项工作任务，代表好、实现好、维护好、发展好农民群众的利益，抓好自身建设。

自身建设功能是村级党组织的基础功能。在政治学视野里，政治系统的功能是通过政治结构来完成的。任何政治体系都必须加强自身建设，使自身变得坚强有力。“打铁必须自身硬”，自身建设功能的核心内涵就是按照新时代党中央全面管党治党的总要求，以推动全面从严治党向基层延伸、向纵深发展为抓手，严格落实管党治党责任，加强党员队伍和领导班子建设，营造良好政治生态，不断增强自我净化、自我完善、自我革新、自我提高能力，以提升组织力为重点，把自身建设成为“宣传党的主张、贯彻党的决定、领导基层治理、团结动员群众、推动改革发展”的坚强战斗堡垒。

领导功能是村级党组织的核心功能，其内涵主要包括三个方面：一是坚持村级党组织的领导核心地位，发挥领导核心作用。这是村级党组织功能不同于一般基层党组织的重要特征之一。从党的十四大开始，党章都明确和强调了村级党组织的这一地位和作用。党的十九大后修订的党章明确规定，村级党组织领导本地区的工作和基层社会治理，支持和保证行政组织、经济组织和群众自治组织充分行使职权。与修订前的党章相比，修订后的党章进一步拓展和强化了对村级党组织领导功能的具体要求。2018 年修订的《中国共产党农村基层组织工作条例》进一步强调：乡镇党的委员会和村党组织是党在农村全部工作和战斗力的基础，全面领导乡镇、村的各类组织和各项工作①。二是发挥领导决策作用。《中国共产党农村基层组织

① 中国共产党农村基层组织工作条例[M]. 北京：党建读物出版社，2019：2.

工作条例》明确规定村级党组织讨论和决定本村经济建设、政治建设、文化建设、社会建设、生态文明建设和党的建设以及乡村振兴中的重要问题，并向乡镇党委报告①。同时，村级党组织还要加强村级民主政治建设，以党内民主引领和带动基层民主，实行党内民主与人民民主的有机结合。三是发挥政策执行作用。村级党组织是党的组织体系的神经末梢，政策执行是其领导功能的主要内容之一。村级党组织必须充分发挥领导班子的示范带头和党员的先锋模范作用，带领群众贯彻执行党的路线、方针、政策和工作部署，落实村党组织以及村民委员会做出的决议、决定，全面推进村级领域经济、政治、社会、文化、生态文明和党的建设。

服务功能是村级党组织功能实现的手段和途径。服务功能是践行党的根本宗旨、增强党执政的群众基础和社会基础、巩固和维护党长期执政地位的根本要求。村级党组织作为党在农村的基层组织，是党实现好、维护好、发展好农民群众利益，满足他们对美好生活向往的重要组织力量，忠实践行以人民为中心的发展思想，坚持服务改革、服务发展、服务民生、服务群众、服务党员，不断提升农民群众的获得感、幸福感、安全感和对各级党组织的满意度，密切党群关系，厚植党的领导和执政的社会基础，是村级党组织服务功能的核心内涵。

第二节　村级党组织功能发挥的现实困境

一、自身建设问题影响了功能发挥

（一）少数村级党组织党员队伍整体素质不高

（1）少数党员素质不能胜任角色要求。“素质”一词最早出现在达尔文

① 中国共产党农村基层组织工作条例[M]. 北京：党建读物出版社，2019：6.

的进化论中，指物种在“物竞天择”的生存竞争和进化过程中形成的某种特定优势①。党员素质是指党员参与党内生活所具备的内在条件②。

根据J县县委组织部2021年的统计(图1-1)，J县现有农村党员29854名。从年龄结构来看，35岁及以下党员4991名，占党员总数(下同)的16.7%；36~49岁党员6395名，占21.4%，50岁及以上党员共计18468名，占61.9%，党员队伍总体上比较老化。从文化结构看，初中及以下15694人，占52.6%；高中8492人，占28.4%；大专及以上5668人，占19%，文化层次总体较低。

由于年龄结构的老化和文化程度的低化，少数党员在学习理解、贯彻执行党的路线、方针、政策和参加党组织活动，完成村级党组织安排的工作以及联系群众、服务群众、带头致富、带领致富和推动村庄经济社会发展等方面，难以发挥模范带头作用。这部分党员中有的虽然有较强的党性观念和角色意识，但是却心有余而力不足，难以承担角色职责。

(2)少数党员角色意识淡化。少数党员角色定位模糊，对组织的认同度不高。有的虽然能完成组织安排的工作，但缺乏作为一个党员履行义务和责任的积极性、主动性、创造性。有的对党组织活动选择性参加，对党组织安排的工作选择性完成，即符合自己心意的就参加、就完成，不符合自己心意的就不参加、不完成。对自己有利的就参加、就完成，对自己无利的就不参加、不完成。还有少数党员因为党组织的决策有可能会影响自己的个人利益而不能正确对待，表现出消极应付甚至不配合的态度。

(3)少数党员存在角色背离现象。2017—2020年底，全县受到各种党纪处分的党员达1100人，其中村(农村社区)干部760名(表2-1)。根据笔者在J县的调查，在农村少数党员中主要存在着三种角色背离的现象：一是角色离线。角色离线是指少数党员虽然党籍还在，但党员角色意识已经基本丧失，不能按党员的角色期望和行为规范来进行角色实践。“党员”只

① 杨野平. 干部队伍素质系统理论与应用研究[D]. 武汉：华中科技大学，2003：71.

② 邵景均. 目标在于提高党员素质[J]. 求是，2005(8)：31.

是一个名义角色而不是一个实际角色。最常见的表现就是“三不”，即不参加组织生活，不做组织安排的工作，不缴纳党费。据J县2016年开展党员排查的统计数据，全县村级党员队伍中“失联”的有206人，此后各级党组织对此进行严厉整治，但据J县2021年摸排统计，失联党员总数不减反升，共计364人。二是角色偏离。角色偏离或角色偏差，是指党员出现了比较严重的违背党员角色规范的言行。2017—2020年底，J县共有1017名农村党员受到党纪处分(不含开除党籍)。三是角色异化。角色异化是指角色从社会的有机能量衍变为社会的赘瘤、溃疡，成为社会的破坏性力量①。对于一个党员而言，角色异化即角色已经蜕化变质走向党员角色期待与行为规范的反面。2017—2020年底J县共有83名农村党员受到开除党籍的处分。

表2-1　2017—2020年底村级党组织党员受党纪处分情况

受处分类型	受处分人数							
	2017年		2018年		2019年		2020年	
	党员受处分总数	其中村社“两委”干部	党员受处分总数	其中村社“两委”干部	党员受处分总数	其中村社“两委”干部	党员受处分总数	其中村社“两委”干部
警告	157	117	152	116	191	134	174	121
严重警告	50	40	70	51	71	53	64	46
撤销党内职务	7	7	12	9	4	3	6	6
留党察看	7	5	22	14	13	6	17	5
开除党籍	18	8	20	7	19	4	26	8
合计	239	177	276	197	298	200	287	186

① 齐卫泽，崔新民. 扮演好您的角色[M]. 北京：中国方正出版社，2015：211.

(二)少数村级党组织领导班子战斗力不强

1. 村级党组织书记队伍整体素质不佳

J县应配备村(农村社区)党支部书记373名。2021年底实际配备366名，其他7个村(农村社区)尚未配备支部书记。在已配备的村(农村社区)党支部书记中，年龄在35岁及以下的17名，占4.64%；36~49岁的139名，占37.98%；50岁及以上的210名，占57.38%。上述数据表明，尽管J县近年来加大了村级党组织书记队伍年轻化的力度，取得了较为明显的成效(据湖北省委组织部的一项调查，2014年J县35岁以下的村支部书记只有3人)，但是整个结构还是偏于老化。从文化层次来看，初中及以下99人，占27.05%；高中171人，占46.72%；大专及以上学历96人，占26.23%。高中学历占主流，而且初、高中相加，要占到支部书记队伍总数的73.77%。通过对多个村的调查我们了解到：大多数高中学历的书记出生于1960年代，接受学校教育的大部分时段都处于“文革”时期，囿于当时的特殊环境，其所学知识与一个合格高中毕业生的要求有较大差距。总体而言，书记队伍的实际文化层次较低。

从任职年限来看，任职5年及以下的191人，占现任村支书总数的52.19%，一方面说明J县村级党组织书记队伍吐故纳新的力度较大，另一方面也说明J县党组织书记队伍较不稳定，这往往会对村庄工作造成一定负面影响。

少数村支部书记能力较弱。一是党建业务知识缺乏，抓党建工作能力较弱。抓党建是最大的政治，抓党建是做好各项工作的根本保证，抓党建的能力也是作为村支部书记首先必须具备的能力。笔者在J县实地调查中发现，少数村支部书记党建业务知识缺乏，不知道抓党建的基本要求，也不知道抓党建的具体方法，因而村级党建工作处于被动应付局面。二是组织领导能力较弱，缺乏组织动员、沟通协调能力，难以凝聚党员群众的力量开展工作。三是引领发展的能力较弱，缺乏发展的思路、办法和魄力。四是服务群众的能力较弱，缺乏与群众良性互动和为群众排忧解难的能力。

2. 班子成员也存在结构不优、能力较弱的问题

J县村级党组织除书记以外的班子成员共1801人。从年龄结构上看，35岁及以下448人，占24.88%；36~49岁679人，占37.70%；50岁及以上共674人，占37.42%，班子成员中年轻人占比不高。从文化层次上看，初中及以下481人，占26.70%；高中910人，占50.53%；大专及以上410人，占22.77%，总体学历层次较低。从能力素质来看，笔者在J县调查时了解到，村级党组织班子成员也存在工作能力较弱问题，主要表现为：学习、理解、执行政策的能力较弱，带头示范能力不强。缺少主动思考的能力，不能积极主动地出主意、想办法、提建议。沟通协调能力较弱，缺乏做群众工作的本领。组织领导能力较弱，工作不能独当一面，对书记的依赖性较强。因此，尽管绝大多数村级班子配备比较齐全，但一旦书记岗位出缺，就很难从现任班子成员中选出合适人选。有的村多年都选不出村支书，有的村村支书即使存在这样或那样的问题，乡镇党委一般也不采取组织措施予以处理，其主要原因就是从现有班子成员中难以找到合适人选接替。

3. 少数村级领导班子成员政治素质不高

少数村级领导班子成员思想动机不纯，政治素质不理想。笔者将这部分干部的表现归纳为五种类型：

“搭头”型干部。有少数村干部把村里的工作当“搭头”，当干部主要是为了多增加点额外收入。平时他们以干自己的私事为主，对村里的工作不上心、不主动、不积极，缺乏基本的责任感①。

① 如笔者调查的某村支部书记被招聘为某公司职员，负责一个乡镇的市场推广、产品维护等工作，绩效与工资挂钩，工作量和工作压力很大。他本来准备辞去村支书职务，专事公司业务，但恰逢J县按省委要求，将村干部工资性补贴从原来的每年一万二千元左右调升为比照乡镇副科级干部工资发放，每年接近四万元。该村支部书记觉得收入可观，就不再提出辞职，现在他同时从事两份工作，其实根本上顾不了村里的事，平时也不好意思对村其他班子成员进行管理，因此这个村的老百姓很少看到村干部上班。新修的村部常年“铁将军”把门。有几个村的个别班子成员，原本在外打工，但因为小孩在家读书、升学考试需要照顾，就回来当村干部，一边照顾小孩，一边种田或做其他生意，同时到村里拿村干部工资，很少发挥村干部作用。有的村干部年老体衰，组织本来有意进行调整，但本人不同意，他们一边在家带孙子，一边领取村干部补贴，但基本不尽村干部的职责和义务。

“听差”型干部。这类干部只对上唯命是从，上面安排什么工作就做什么事情，上级不安排工作，他们就关门大吉，去搞自己的私事。

“撞钟”型干部。做一天和尚撞一天钟，满足于“拿工资、混日子”，当“维持会长”。对上级安排的工作消极应付，对村庄发展和老百姓的诉求，抱着“多一事不如少一事”的心态，能拖则拖，能不管则不管。

“借力”型干部。少数人当村干部，主要是为了提升自己的社会地位，增加自己的社会资本，利用“村干部”身份为自己发家致富拓展政治、经济和社会资源。

“异化”型干部。极少数个别人当村干部就是为了利用“村干部”这一职位所掌握的权力获取不正当利益。也有极少数人当了村干部以后，放松对自己的要求，政治素质、道德品质严重滑坡，违法乱纪不断。

(三)村级领导班子选优配强难

1. 少数村级党组织党员队伍整体素质不高，影响了村级领导班子选优配强

有的村多年选不出一名书记。2021 年底，J 县仍有 7 个村党支部缺支部书记。近年来，J 县通过合村并组，进行行政村规模调整，大幅度减少了行政村数量，从一定程度上缓解了村党支部书记人数不足的矛盾。但选支部书记难，选优秀支部书记更难的问题依然较为突出。有的乡镇因为缺乏优秀后备干部，对在任支部书记不能胜任工作的，也只有维持现状，不予调整。调查采访中，有几名乡镇党委负责人表露出这样的心态——有人当支书总比支书岗位空缺要好。有的村在配备副书记和支委时，因为没有优秀人选，也只好随便凑合。凡此种种，都影响了村级领导班子配备的整体质量。

2. 部分党员的角色意识不强，影响村级党组织领导班子选优配强

有的党员具备担任村级党组织领导班子成员的潜质，党员选他当书记，但本人就是推辞不干，其主要原因：一是认为当村干部收益低，不划

算。二是认为村里工作千头万绪，麻烦事多，会影响自己的精力，影响自己发财致富。三是农村各种矛盾错综复杂，怕当村干部会得罪人，影响人际关系。总的来说，就是没有把组织需要当成自己的第一需要，没有把服从组织安排作为党员最起码的行为标准，缺乏服从意识、责任意识、担当意识。

3. “第一书记”履职尽责难，对村级领导班子选优配强的作用有限

J县每村都配备了“第一书记”，这种做法在少数村也的确能收到较好成效，但总体而言，“第一书记”在实际工作中存在履职尽责难的问题，对村级领导班子选优配强的作用比较有限：一是部分“第一书记”对自身地位、作用认识不够，认为自己本来是乡镇安排的包村干部，现在按上面要求改任“第一书记”，只不过是换了个说法，在工作中他们事实上只履行包村干部的职责，没有发挥“第一书记”的应有作用。二是“第一书记”自身素质参差不齐。“第一书记”的来源主要是乡镇机关干部和部门工作人员，而乡镇机关、部门工作人员年龄老化、文化层次参差不齐，工作能力有高有低，因而直接影响到“第一书记”的素质结构，造成履职尽责难。三是有部分村庄党员认为“第一书记”属于“外来人”，对本村的情况不熟悉，“第一书记”吃住都不在村，工作难以深入，只能是形式上的“书记”，很难真正起到书记应有的作用，因而他们对“第一书记”持怀疑态度，“第一书记”开展工作难以得到村民的支持配合，造成履职尽责难。

4. 大学生村官制度不完善，改变村级领导班子选优配强的能力不足

一是大学生村官数量少，难以改变村级领导班子选优配强难的现状。J县从2008年开始招聘大学生村官，截至2017年底，全县共招聘大学生村官118名，平均每年招聘约12名。二是大学生村官下村就职难。现在县、乡机关工作人员老化现象较为普遍，年轻人成为稀缺资源。尽管省、市、县都严格要求大学生村官一定要工作在村，但实际上他们往往只是“名义”在村，实际工作在乡镇，有的甚至被抽调到县直部门。三是大学生村官安心难。跟过去相比，虽然现在乡村的生活条件好了很多，但与城市相比，仍然相对落后。大学生村官在村吃住和其他生活方面都存在一定的实际困

难，容易引起他们思想和情绪上的波动，很难安心在村工作。四是大学生村官难留住。现在对于有知识的年轻人来说，就业机会很多，有的大学生村官一年要报名参加好几次招聘考试，有的通过考试走上其他岗位，有的通过另外途径找到新的就业机会，就会辞去职务。总的来看，大学生村官队伍不易稳定，流失严重。自 2008 年 J 县开始招聘大学生村官，到 2017 年底，大学生村官任职期未满即流失的共 83 名，占招聘总数的 70 %。从 2018 年开始，J 县已停止招聘大学生村官。

5. 村级领导班子的选任方式存在偏差，影响了村级党组织领导班子选优配强

有的片面强调村支书的重要性，忽视整体班子结构优化；有的片面强调“维稳”“摆平”的逻辑，违背德才兼备的原则，使用所谓的富人、狠人、恶人当村干部；有的在村级领导班子配备中不注重发挥党员和群众的作用，简单地按乡镇党委分管农业的领导、组织委员、包村干部、村中大姓、大户代表的意见来予以确定，这种由少数人决定村级党组织领导班子成员人选的办法容易造成选人用人的失误，不仅不利于工作，更重要的是会严重损害党组织的威信和党的形象。笔者通过对 J 县一些村庄的调查发现，有的村级党组织出现功能障碍，追根溯源，大多与这种选任方式存在关联。

（四）村级党组织科学设置难

2017 年 J 县采取合村并组调整行政村规模后，行政村管理幅度由原来的一个行政村扩大到原来 2 至 3 个行政村的范围，党员人数一般都在百人以上。一方面，按照现有的组织设置实行一村一支部，由于地域扩大和党员人数的增加，开展组织活动的有效性受到影响，另一方面，按照《中国共产党农村基层组织工作条例》的规定，党员人数超过 50 人的村，或者党员人数虽不足 50 人、确因工作需要的村，可以成立党的总支部。党员人数 100 人以上的村，根据工作需要，经县级地方党委批准，可以成立党的基

层委员会，下设若干党支部。但是，在现实情境中受农村党员基本素质、流动党员较多以及其他资源因素的约束，按照上述要求设置党组织，在班子配备及基本保障等诸多方面都面临着难以克服的困难。

(五)党内政治生态亟待优化

党内政治生态建设是村级党组织建设的重要内容，发挥村级党组织功能，必须有一个良好的政治生态，但少数村级党组织由于落实全面从严治党要求的力度不够，党内政治生态存在诸多问题，弱化了党组织的创造力、凝聚力和战斗力。

1. 少数村级党组织放松了思想政治建设，党内政治生态中的党性氛围不浓

少数村级党组织对思想政治建设的认识不高，认为在市场经济条件下，只有发展经济、发家致富才是实实在在的，其他都是虚的。由于村级党组织放松了对党员的教育管理，加之少数党员干部面对外部环境的深刻变化，不能积极改造自己的主观世界，自觉加强党性修养，造成少数农村党员干部理想信念发生动摇。有的党员不信马列信鬼神，个别党员甚至村党组织领导班子成员对宗教几乎到了痴迷的程度。少数党员不仅不抵制宗教和封建迷信活动，甚至带头组织修建宗教场所。有的党员不信组织信宗族，热衷于组织宗亲会、系族谱、建祠堂。有的党员物质主义至上，只顾自己挣钱，时刻考虑自己的私利，不关心群众疾苦，不热心为群众办事。有的党员没有丝毫的政治意识，不仅不带头宣传、贯彻、执行党的路线、方针、政策，还从自己的一己私利和狭隘眼光出发，对党的政策妄加议论。调查访谈中，一些乡村干部和农民党员向笔者谈到，现在村里有少数党员的思想政治觉悟甚至比不上一个普通农民。

2. 少数村级党组织党内政治生活质量不高

党内组织生活不严肃，党组织生活开展次数少。余维法对广东省基层党组织生活质量的调查问卷显示，广东省农村党支部开展组织生活每年 4

次以上的仅占 1.7%，3 次以上的占 3.4%，1 次和 2 次的分别占 70.68%和 20.68%①。其原因主要是少数村级党组织的负责人政治素质差，制度意识差，责任意识差，落实党组织生活会不积极、不主动。少数党员参与不积极，党性观念淡薄，组织纪律观念不强，常常以各种借口和理由不参加组织生活②。这也是笔者在对 J 县调查中不少村支部书记反映的令他们头疼的问题之一。余维法的调查显示：有的党员对党组织生活，方便时就参加，不方便就不参加的占 59%，参加组织生活会大多出于被动而非主动，自己很想参加的仅占 12%，认为党组织有要求不得不参加的占 50%③。四川省委组织部课题调查组的调查结果也显示，有 17%的调查对象表示不得不参加组织生活或不想参加组织生活④，说明这种现象具有一定的代表性、普遍性。组织生活的形式单一也是少数党员不愿参会的原因之一。在 J 县的调查中我们发现：有少数村级党组织开展组织生活的主要方式就是读报纸、念文件，与实际工作和生活严重脱节，“三会一课”没有全面开展，党员评议也没有安排进行，党组织生活制度规定的其他活动也基本没有落实到位。四川省委组织部的调查报告指出：有 50.5%的调查对象认为组织生活内容单调，形式死板，没有实际效果⑤。在 J 县的调查中，我们了解到，近年来 J 县县委高度重视基层党组织生活，实行统一安排、统一指导、统一考核，在一定程度上促进了村级党组织生活规范化，但在实践中仍有少数村级党组织组织生活存在质量不高的问题，在少数村，党员参加组织生活的比例常常达不到党员总数的三分之一。

---

① 余维法. 基层党组织生活质量的现状与建议——基于对广东省的实证分析[J]. 政治学研究，2011(5)：50.

② 余维法. 基层党组织生活质量的现状与建议——基于对广东省的实证分析[J]. 政治学研究，2011(5)：51.

③ 余维法. 基层党组织生活质量的现状与建议——基于对广东省的实证分析[J]. 政治学研究，2011(5)：52.

④ 中共四川省委组织部课题组. 严格党内政治生活问题研究报告[J]. 中国延安干部学院学报，2015(3)：83.

⑤ 中共四川省委组织部课题组. 严格党内政治生活问题研究报告[J]. 中国延安干部学院学报，2015(3)：83.

民主集中制执行不严格，思想认识存在误区。由于我国是一个有着长期封建历史的国家，家长制对中国社会生活的影响极其深远，加之受小农意识和文化水平的制约，官本位、家长制至今在少数农民党员中仍有一定市场。少数党员角色意识差，认为是否坚持民主集中制事不关己，因而抱无所谓的心理。有的党员和村级党组织负责人对民主集中制存在错误认识，认为民主只是搞搞形式，走走过场，集中才是结果和目的。有的认为民主集中就是先民主后集中，民主是党员的事，集中是书记的事。有的认为民主就是开会，集中就是书记拍板，最终是书记说了算。这些错误思想和认识对村级党组织民主生活造成了十分不利的影响。少数村级党组织由于缺乏执行民主集中制的具体制度，在执行中，民主集中制流于形式，党员权利保障，党员主体性作用的发挥，党务公开、民主决策、民主管理、民主监督失之于空。在村级党组织的民主实践中，由于未能严格执行民主集中制原则，存在着低民主低集中、低民主高集中、高民主低集中等现象①。

批评和自我批评的质量不高。根据笔者对J县村级党组织的调查，部分党员和村级党组织负责人普遍存在老好人心理。村庄是一个熟人社会，党员是一个熟人群体，有的党员对熟人开展批评，面子上拉不下来，怕伤感情，有的党员信奉“人人都喜欢听好话”，“少说为佳”，不敢批评。即使党组织有硬性要求，有的党员也是避重就轻，不疼不痒，用空话、套话来“混”过去，用所谓的“一分为二”来帮对方开脱，搞一团和气，“你好我好大家好”。有的党员批评别人不是从实际出发，实事求是，而是看别人怎么说自己就跟着怎么说，随波逐流。有的党员按照批评对象的自我检查材料中所陈述的问题加以复制或稍作改头换面，所谓批评只不过是对批评对象自我检查的重复，没有自己的意见和观点。有的党员自我批评怕暴露问题引火烧身，批评别人怕打击报复。有的党员总以为自己比别人强，比别

① 姜裕富. 民主集中制与党内政治生活制度保障[J]. 中国井冈山干部学院学报，2016(6)：37.

人做得好，听不得半点批评，有的党组织负责人有“家长”“老大”的心理，容不得党员的批评。

3. 少数村级党组织政治文化不健康

缺乏忠诚担当、干事创业的文化氛围。少数村级党组织负责人缺乏对党和人民事业高度忠诚、高度负责的精神，在工作中遵循“不出事”原则，抱着多一事不如少一事，少一事不如无一事的心理，工作既无长远规划，也无短期打算，安于现状，当一天和尚撞一天钟，上级安排干什么就干什么，因循守旧，画地为牢，工作中遇到矛盾和问题绕道走，或者是把其他班子成员推到前面去“挡水”①。有的村领导班子成员过于注重个人利益，面对组织安排的工作，拈轻怕重，讨价还价，工作不积极主动。有的宗旨观念淡薄，只注重完成上面的任务，不注重群众的疾苦，为群众服务不热心，不积极。以J县村党员群众服务中心的利用情况为例，J县县委、县政府在财力并不宽裕的情况下，投入巨额资金为该县所有村新建和改扩建了党员群众服务中心兼村级党组织办公场所，但有的村级党组织并未按相关规定坚持开门办公。笔者曾几次参加县委组织部组织的对村级党组织干部值班坐班的暗访，发现除少数城郊村外，真正坚持按规定开门办公，为群众服务的村级党组织较少。J县县委还曾在全县县、乡、村三级干部大会上播放过暗访录像，对那些不遵守值班制度的村级党组织负责人进行了约谈，但直到笔者写作本书时，村干部不能按规定值班办公的情况仍然存在。在平时工作中，少数党员存在“各人自扫门前雪”的心理，对村里的事能推就推，能少干就少干，能不干就不干。

缺乏风清气正的廉洁文化氛围。有的村级党组织领导班子成员和党员，组织观念淡漠，不讲党性讲宗族，以势压人，有的搞圈子文化、江湖文化、哥们义气，把村级党组织变成了“放牛场”。有的为群众办事总要得点“好处”，“吃拿卡要”现象仍较突出。有的干部婚丧嫁娶大操大办。有的

① “挡水”：J县方言，即应对矛盾和问题，这是采访时一些村干部和党员的原话。

村干部吃喝玩乐只是在形式上变得更加隐蔽，实际上屡禁不止，在财务上用假条据或假事由来进行变通报销。有的村民主理财流于形式，在选用村务监督委员会成员时，虽然受有关制度约束，不得不将村干部及其亲属排除在外，但有些村干部为了自己在财务上有更大的自由，往往选择与自己关系密切的“铁杆”作为村务监督委员会成员，使村务、财务监督有名无实。在惠农政策的执行上，有的村干部假公济私、优亲厚友，甚至直接骗取国家惠农资金。

缺乏遵章守纪的制度文化氛围。制度规矩意识淡薄，制度空转现象比较严重。J县在村级党组织办公场所规范化建设中普遍实行了制度上墙，笔者有几次在J县下村调查，问询所调查村的支部书记，没有一个支部书记能答得上来上墙的有哪些制度，这些制度的主要内容是什么。询问党员，则了解得更少。少数村级领导班子成员和党员纪律规矩意识缺乏，小农思想、散漫作风、自由主义现象比较突出。人治代替制度治理，一把手说了算的现象比较严重。村级党组织负责人习惯于凭自己的主观意志办事，制度躺在书里、写在纸上、挂在墙上，导致“制度空转”。

制度空置现象比较严重。党的制度是管总的，具有全面性的特点，是各级党组织的基本遵循，但再好的制度也需要结合实际予以落实。奥斯特罗姆认为，没有任何一种政策在管理既具有相同之处又存在明显区别的系统时，能解决好所面临的各种特定问题①。少数村级党组织未能将上级党组织的制度规范与本村实际情况相结合，制定出相应的实施细则和办法，导致有些制度未能真正落地生根，发挥实效，形成“制度空置”。

制度效能发挥不够。一是村级党组织运转的现行制度缺乏系统性，有部分制度只规定了应该做什么和不能做什么，而对不按制度办事或制度落实不够缺乏纪律约束。二是对落实制度的监督管理滞后，即对制度执行结果的监督，问责和追责往往在“出事”之后进行，缺乏对制度执行全过程的

① ［美］埃莉诺·奥斯特罗姆. 公共事务的治理之道［M］. 余逊达，译. 上海：三联书店，2000：147.

监督，因而造成制度执行不力。三是执纪不严，少数村级党组织负责人既不能用纪律规矩约束自己，也不能约束他人，搞无原则的一团和气。

制度空转、制度闲置、纪律约束机制缺乏，显然都会降低制度效应，三者叠加，更使制度效用大打折扣。笔者在J县调查时发现，这是导致村级党组织软弱涣散的主要原因之一。

二、外部环境变化影响了功能发挥

诺思认为，制度作为对人们互动关系的约束，它构成了人们在政治、社会或经济领域里交换的激励，并且，制度变迁成了影响人类历史中社会演化方式的决定性因素①。改革开放以来，农村经济、政治体制改革导致了农村社会结构的分化和乡村文化的变迁，使村级党组织所处的外部环境发生了剧烈而深刻的变化。马克思主义认为，任何事物都是一分为二的，村级党组织外部环境的变化，对村级党组织功能发挥的影响具有双重效应，在产生积极作用的同时，也产生了消极影响，阻碍了村级党组织功能的发挥。

（一）外部环境变化对村级党组织产生了一定的“风化”作用

“风化”的地质学定义，是指岩石在太阳辐射、大气、水和生物作用下出现破碎、疏松及矿物成分产生变异的现象，风化有两种作用形式：一种是使岩石失去原有强度而不涉及造岩矿物的任何分解，称为“物理风化”，另一种是使岩石发生一种或多种矿物的蚀变，称为“化学风化”。

改革开放以来，村级党组织也出现了类似地质学上的“风化”现象。与地质学的“风化”概念所指称的对象不同，村级党组织“风化”是指由于外部环境的变化导致村级党组织所发生的变化。一种是“物理风化”，指村级党

① [美]道格拉斯·C. 诺斯. 经济史中的结构与变迁[M]. 陈郁，罗华平，等，译. 上海：上海人民出版社，1994：225-226.

组织在构成上出现的人员老化、弱化等结构性的变化。另外一种是“化学风化”，指村级党组织中有的成员受环境影响产生“蚀变”——党性丧失甚至异化为党的败类。

1. “物理风化”

农村经济、政治体制改革，为农民创造了劳动力流动的制度环境。市场化、工业化、信息化、城镇化的不断发展使农村进入了“一个人口大流动的时代”①。村庄党员也成为农村劳动力流动的重要构成之一。J县现有离乡从业农民党员 8026 人，占村级党组织党员总数 29854 人的 26.88%，离乡从业的党员中，大部分都是青壮年，这部分流动党员平时基本上很少与村庄发生联系，也很少参加村党组织活动和村庄事务，他们虽然“党籍”在村，但事实上很少在村庄场域发挥作用，村级党组织的主体性力量以老弱病残、文化水平偏低、行动能力较差者为主。

2. “化学风化”

在环境变迁的冲击下，少数党员丧失了作为党员的起码条件，村级党组织中出现了少数或极个别的“三不”党员，他们平时不履行党章所规定的最基本义务：不缴纳党费，不参加党的组织生活，不完成党组织安排的工作。少数村级党组织还存在“在册不在线”的“党员”。所谓“在册不在线”，是指有的党员虽然名字还在党员花名册和党员统计报表上，名义上是党员，但不履行党员义务，不发挥党员作用，不为党组织工作，长期游离于党组织之外。个别党员甚至提出退党的要求。有少数党员完全丧失了党性，腐化堕落，蜕化变质成腐败分子。仅 2017 年至 2020 年，J县就有 83 名党员因严重违纪违法被开除党籍。

（二）外部环境变化造成村级党组织党群关系松散化

人民群众是村级党组织功能发挥的主要依靠力量。村级党组织外部环

① 郑杭生，陆益龙. 开放、改革与包容性发展——大转型大流动时期的城市流动人口管理[J]. 学海，2011(6)：76.

境的变化，对党群关系产生了一定程度的负面影响。

1. 利益分化冲击了村庄利益的整体性基础，增加了党群之间的利益性矛盾

利益分化使村级党组织依靠的群众基础发生变化。一是利益主体多元化。利益主体按照不同的标准可以划分多种不同的类型。笔者以职业为标准，将村民划分为老板阶层、管理者阶层、打工者阶层、农业劳动者阶层、兼业者阶层。从家庭收入的角度将其划分为非农收入户、混合收入户、纯农业收入户。二是利益分化的形式也呈现出多样化。农村社会利益分化包括物质利益分化、政治利益分化、精神利益分化①。三是利益诉求呈现异质化。在村民之间，不同的群体有着不同的利益诉求，即使同一群体内部，其利益诉求也并非完全一致。利益分化的上述特点，冲击了村庄的共同利益基础，造成党群矛盾的利益性因素增多。

2. 主流意识形态受到挑战，冲击了乡村文化的共识性基础

传统伦理式微、腐朽没落文化抬头，村庄出现了阎云祥在《私人生活的变革》一书中所描述的“无公德的个人”②。贺雪峰在对他的老家荆门考察的基础上，认为这种人在当前农村具有相当的普遍性。他们只讲个人利益，不讲公德，不讲责任，不愿承担义务，甚至没有基本的教养与底线。过度功利的个人主义对主流价值观的消解，弱化了主流价值观对群众的凝聚力③。

3. 群众对村级党组织认同程度降低，冲击了村级党组织的权威性基础

魏小换指出：税费取消后，农村基层党组织不再为收取税费的行政任务所累，从理论上看，基层党组织脱离了具体繁琐的行政事务，应当强化自身的功能实现。但从实践来看，部分村级党组织并没有把握好现有的机

① 甘露. 西部农村社会利益分化：维度、归因与前瞻[J]. 贵州社会科学，2013(9)：78.

② 阎云翔. 私人生活的变革——一个中国村庄里的爱情、家庭与亲密关系(1949—1999)[M]. 龚小夏，译，上海：上海书店出版社，2009：261.

③ 贺雪峰. 没有村庄政治 好事也不好做[N]. 北京日报，2017-02-20.

会，反而随着税费取消这个外部压力的消失，与农民关系开始疏远。不仅如此，村级党组织的功能也较税费时期明显弱化，在村庄中的权威进一步降低①。张琛等②也指出改革开放以后村级党组织出现边缘化、影响力弱化的状况。笔者通过对J县的实地调查后认为，村级党组织外部环境的变化，是造成上述现象的主要原因之一。以联产承包责任制和村民自治为起点和标志的农村经济政治体制改革，使农民摆脱了人民公社体制下对村级党组织的高度依赖服从型关系，“去集体化”使原来组织起来的农民重新回到原初状态，增加了村级党组织进行社会整合的难度。村级党组织控制的资源大幅减少，公共产品供给的能力较弱。同时，大批农民向非农产业转移，其主要收入来自非农产业而非农业，村级党组织与农民的利益关联度大大降低，村民与党组织之间的关系从过去的“紧密型”演变为“疏离型”。村民对村级党组织在某些方面存在的不满也加深了他们对党组织的冷漠，有的村庄党群关系甚至处于一种“紧张型”状态。村民认为村级党组织只为上面的党委政府服务，而不为老百姓办事，有的村民对干部腐化堕落、形式主义方面存在的问题有意见，找村级党组织要“说法”，甚至采取组织群体性抗争等方式来表达不满。

（三）外部环境变化造成部分村级集体经济空壳化

人民公社解体后，村庄原有的资产有的被“一分而空”甚至“一抢而光”。在J县，多数村庄集体化时期积累起来的资产，改革后都已荡然无存。虽然各级党组织一再强调要发展村级集体经济，但是无论从人才资源还是资金、资产方面，村庄都非常缺乏。在当前市场经济发展较为完善、市场竞争较为充分的环境下，发展村级集体经济远比想象的要更加困难，大部分村发展集体经济的实际成效较差。2017年J县在合村并组、缩减行

① 魏小换. 我国村级党组织能力建设研究[D]. 大连：大连海事大学，2014：57.
② 张琛，董翀，孔祥智. 农村基层党组织建设的政策演进及完善建议[J]. 中国延安干部学院学报，2016，9(6)：41.

政村规模的同时，也实行了集体经济的大整合，现在反映在账面上的集体经济收入虽然较以前大为改观，但不能准确反映J县村级集体经济发展的真实状况。事实上，J县大多数村集体经济仍很薄弱，缺乏可持续发展能力。村级集体经济的弱化使村级党组织陷入无钱办事的困境，严重制约了村级党组织功能的发挥。

(四)上级党组织对村级党组织的制度性支持不充分

(1)缺乏治理资源的制度性支持。村级党组织要发挥功能作用，需要一定的治理资源支持，特别是对公共产品的需求较为迫切。但在现实实践中由于长期实行城乡分治、城市优先的政策，农村公共产品供给严重不足。党的十六大确立反哺农业的政策实施以来，特别是党的十八大之后，中央加大了对农村公共产品供给的力度，但短期内仍难以补平历史欠账，加之现在农村公共产品供给渠道以条条为主，将村级党组织排除在外，使村级党组织在公共产品供给中难以有所作为，这严重影响了村民对村级党组织的认同，削弱了村级党组织的权威性和凝聚力。

(2)缺乏对村级党组织运行的制度性支持。虽然农村党建已有一定制度积累，但是仍然存在制度供给结构不合理、制度供给不足的问题，实体性制度多，程序性、保障性制度少，可操作性不强，制度之间缺乏衔接配套和系统化关联。制度供给中存在的上述问题，制约了村级党组织功能的发挥。

(3)缺乏专项党建工作经费的制度性支持。在调查中笔者了解到：J县财政每年下拨给每村的转移支付资金在五万元左右，连村干部工资都难以支付，党建工作经费无法得到保障。因此，尽管上级要求要保证每村每年两万元党建工作经费，但事实上难以落实。

三、系统动力不足影响了功能发挥

笔者在J县的调查中了解到，少数村级党组织功能发挥存在内生动力不足、外部动力转化不够、内外动力缺乏系统连接等问题，其主要表现是：

（一）内生动力不足

（1）缺乏抓好自身建设的政治责任感。抓党建是最大的政治，也是保证村级党组织功能发挥的根本措施。少数村级党组织负责人自身政治站位不高，对村级党组织自身建设的重要性认识不清，认为全面从严治党主要是抓上级党组织，村级党组织抓不抓无所谓，不必“小题大做”。因此，在抓党建方面存在较为严重的履责不力甚至失职行为。笔者在J县调查时发现，尽管J县县委推动全面从严治党向基层延伸的力度很大，多数乡镇党委在贯彻落实县委部署安排的同时，能够创造性地采取一些“自选动作”推进村级党建工作，但是少数村级党组织对自身建设缺乏自觉性、主动性、积极性，对乡镇党委安排的党建工作有的选择被动性服从，表面上看似完成了上级的“规定动作”——上级规定怎么干就干什么，事实上没有结合村级党组织的实际，把自身真正放进去。有的只热衷于事务性工作而淡化党建工作，有的消极应付，用“造假”来代替村级党建。如：有的村虽然有非常齐全规范的党组织活动记录，“痕迹管理”表面上无可挑剔，但与实际工作相印证，很多都是假的，是村里安排专人对照上面的检查标准“编”出来的，村里一年的党建工作通过一个人一夜之间的“编辑”和“创作”，就可以应付相关的考核检查，甚至能够在上级的检查考评中得高分。

（2）缺乏创先争优的内生动力。笔者在J县与乡、村干部交流时，发现少数村级党组织负责人较多地强调环境造成的不利影响，他们认为现在的村级党组织与改革开放和税费改革前相比，无职能、无权力、无经费，农村、农业和农民的状况也有很大的不同，农民享有很大的自主权，生产什么、怎么生产、何时生产，都由农民自己决定，不需要村组干部去统一安排，而且J县以离乡从业经济为主，农业对于大多数家庭而言已经从主业变为副业，农村对大多数村民来说已经失去了往日的重要性，村级党组织在他们心目中的影响力下降。面对环境的巨变，少数村级党组织负责人往往采取比较消极的态度，放松了自身要求。他们认为，村级党组织党员和领导班子的素质与村级党组织所处的环境，都不能和城里相比，工作差不多就行了。因此，有部分村级党组织工作的目标主要是盯着乡镇党委、政府要求结硬账的工作，而将党建视为软任务，投入的精力很少。

(二)外部动力转化功效不高

上级党组织特别是县、乡党委对村级党组织功能发挥具有直接的推动作用。党的十八大以来，各级地方党委都比较重视农村党建工作，利用党的政治优势和组织优势，层层传导压力，压实党建责任，促进了村级党组织功能的发挥。但是，笔者在J县调查时也了解到，由于工作方法和方式上存在的一些问题，导致外部动力转化功效不高。

内外动力结合不紧。在现实实践中上级党组织往往注重外部动力的推动而忽视内部动力的激发。县、乡两级党委抓村级党建的主要工作方法是通过制定党建目标责任制、加强考核评比、严格责任追究等方式，向下层层施压并一直传导到村级党组织，而忽视了对村级党组织主体责任意识的培育和激发。辩证唯物主义认为：外因是变化的条件，内因是变化的根据，如果外因不能为内因转化吸收，外部动力就不能发挥应有的作用。笔者在J县调查时了解到，尽管县委十分重视村级党建工作，但这种压力在传导到乡、村的过程中实际上存在逐层递减的现象。

考核机制存在缺陷。一是在考核主体上存在群众主体缺失。笔者在J县调查时了解到：现行考核实践中，县对乡镇的考核，考核主体一般由县委组织部或县委、县政府从县直各部办委局抽调人员组成专班代表县委、县政府进行考核，乡镇对村的考核，考核主体一般由乡镇机关干部组成专班代表乡镇党委、政府进行考核，忽视了群众的参与，尽管年底每个村支部都要向群众述职，而且要由群众对村级党组织及其成员进行测评，但这种测评并不计入县、乡的考核结果，与村级党组织班子成员的政治经济待遇没有直接关联。这种考评既因为失去群众的参与而削弱了村级党组织建设和功能发挥的外部动力，又有可能形成村级党组织只唯上不顾下的价值取向，导致服务群众功能的弱化。二是在考核内容上缺乏针对性。县级党委政府一般不会直接面向村一级进行考核，即使由县级层面统一制定考核标准，乡镇也有可能按照自身的需求进行取舍、变通。乡镇对村的考核内容设置主要体现的是乡镇逻辑，一般不会考虑每个村的特殊性。在实践中，事实上形成了工作绩效唯乡镇工作任务目标的导向，村级党组织作为村庄共同体代表的功能因为被忽视而难以激发。三是在绩效评价上重“痕迹管理”忽视实绩考察。现行考核办法基本上做到了将工作任务的细化和量化，考核主要就是由村级党组织提供相应的台账、资料、报表、记录等“有形”的“痕迹”，考核专班对照标准进行评分，而忽略了对各项工作完成实际情况的考察。这种考核办法，使基层党建走向文牍主义、形式主义，甚至弄虚作假。李克军引用一位乡镇组织委员的话说：“农村基层组织建设工作既容易又难。说容易，是上边布置的各项工作任务都可以造假应付，大家都心照不宣，没人深究，相反，不造假肯定通不过验收。说难，是真正把组织活动开展起来，发挥党组织的战斗堡垒作用和党员的先锋模范作用很难。”①这位组织委员所反映的现象至今仍然存在。

（三）县、乡、村三级党组织整体联动乏力

笔者在J县县委组织部跟班学习期间，感受到县委真正把村级党建工作当成了最大的政治和最重要的工作。县委带头抓党建，县委书记和县“四大家”其他领导经常利用各种机会深入到村暗访、调研、督办。县委对乡村两级党组织严格要求，层层制定党建工作责任制，签订党建工作责任状，但是有少数乡镇的工作重心仍存在路径依赖，没有把党建工作摆在

① 李克军. 乡村视野：“三农”问题的调查与思考[M]. 北京：新华出版社，2010：264.

“最大政绩”“主业主课”的位置，而是把对显性政绩的追求作为头等大事，对抓好村级党建缺乏主观能动性，往往仅限于照抄照转上级的文件、要求，平时靠一般号召，年终靠检查考评，缺乏结合实际抓实、抓细、抓深的具体措施，难以对村级党组织建设和功能发挥起到切实有效的促进作用。

第三节　村级党组织功能发挥机制建设的总体构想

一、正确认识机制的重要作用

科学定位村级党组织功能具有十分重要的意义，但是功能定位只是一种应然的逻辑，只有使村级党组织功能得到发挥，才能实现其自身价值。因而在明确功能定位的同时，还必须通过一定的方法和路径使村级党组织功能得到充分发挥。

毛泽东指出：“我们不但要提出任务，而且要解决完成任务的方法问题。我们的任务是过河，但是没有桥或没有船就不能过。不解决桥或船的问题，过河就是一句空话。不解决方法问题，任务也只是瞎说一顿。”①探寻发挥村级党组织功能的方法和路径，就是要找到功能发挥的“船”或“桥”。目前，学界以及实践工作者对此虽已进行了初步探讨，但研究成果大多局限于现象考察和关系研究层面，未能将研究引入更深的层次，因此得出的结论往往是静态的、表面的、说教式的，难以对实践产生实际指导作用。从方法论的角度来考查，社会科学研究实际存在现象考察、关系研究、机制研究、系统规律研究等四个由浅入深的层次。机制研究具有不可替代性和不可逾越性，它既是现象考察、关系研究的深入，又是通向认识和运用规律的桥梁。因此，把握事物运动本质的、全面的深层联系，探索

① 毛泽东选集(第1卷)[M]. 北京：人民出版社，1991：139.

系统性的规律，必须加强对机制的研究。从系统科学的视野来看，所谓机制是指“系统为维持其潜在功能并使之成为特定的显现功能而以一定的规则规范系统内各组成要素间的联系、调节系统与环境的关系的内在协调方式及其调节原理”①。机制理论告诉我们：任何系统都是具有一定机制的系统，任何系统都必须通过一定的机制来发挥自身功能。第一，它是维持系统稳态的保证，保持系统稳态是发挥系统功能的前提条件，只有通过机制使系统的要素在相互作用的过程中按照一定的规律和规划进行，才能保证系统的动态平衡，否则，必将引起结构失衡，造成系统功能障碍甚至使功能丧失殆尽。第二，它是形成系统整体功能的保证。“系统的机制建立后，就会以一种不以要素意志为转移的驱动力量，规范要素按该机制的引导方向有序运动，从而保持系统的整体有序性，使得系统的整体功能有利于各部分的功能并大于各部分功能之和。”②第三，它是提高系统效能的保证，良好的机制能使系统运行的各个环节协同配合，从而降低输入成本，提高输出效率。反之，如果系统的机制不健全或者出现故障，就会增加系统耗损，导致系统紊乱，甚至瘫痪。事实上，机制建设在社会实践中十分重要，甚至关系到事业成败。机制研究的每一个进展都会给实际问题的解决提供依据和指导。村级党组织作为一个具有特定功能的有机系统，其功能发挥也必须通过建立有效的机制来实现。

二、从整体上把握功能发挥机制建设

习近平总书记在庆祝中国共产党成立一百周年大会上庄严宣告：“经过全党全国各族人民持续奋斗，我们实现了第一个百年奋斗目标，在中华大地上全面建成了小康社会，历史性地解决了绝对贫困问题，正在意气风发向着全面建成社会主义现代化强国的第二个百年奋斗目标迈进。”③这是

① 马维野，池珍燕．机制论[J]．科学学研究，1995(4)：3.

② 马维野，池珍燕．机制论[J]．科学学研究，1995(4)：6.

③ 习近平谈治国理政(第四卷)[M]．北京：外文出版社，2022：3.

党在新时代对各级党组织发出的新的进军号令。习近平总书记指出："从中华民族伟大复兴战略全局看，民族要复兴，乡村必振兴。"①他强调："要加强和改进党对农村基层工作的全面领导，提高农村基层组织建设质量，为乡村全面振兴提供坚强政治和组织保证。"②村级党组织作为中国共产党在农村的基层组织，对推进乡村振兴，实现农村农业现代化负有特别重要的责任。要完成这一重大历史使命，必须更加主动深入地抓好自身建设，充分发挥自身功能。

机制建设是村级党组织功能发挥的关键。任何组织都要通过机制的运行来实现其功能。村级党组织也必须通过机制的构建与运行来保证其功能充分发挥。从系统论的视角来看，村级党组织的功能发挥是在自身与其所依存的环境进行物质、能量、信息交换，维持系统平衡的过程中实现的。作为一个行为系统，村级党组织功能发挥必须有强大的动力作为支撑。组织体系、外部环境、动力系统是村级党组织功能发挥的关键变量。其中，自身建设是根本，环境建设是条件，动力系统是支撑，三者紧密关联，相互作用，从整体上影响村级党组织功能发挥。因此，必须建立和完善相应的机制系统，包括完善自身建设机制、优化环境建设机制、创新动力建设机制。

完善自身建设机制，是功能发挥的重要基础和决定性因素。村级党组织自身建设是其功能发挥的内因。毛泽东指出："唯物辩证法认为外因是变化的条件，内因是变化的根据，外因通过内因而起作用。"③从系统论的观点来看，任何系统的存在和发展，主要取决于系统内部结构。系统结构是决定系统功能的核心因素。在政治学视野里，政治体系是由相互作用的结构构成的，政治体系的功能通过政治结构来完成④。村级党组织功能得

① 习近平谈治国理政(第四卷)[M]. 北京：外文出版社，2022：192.

② 习近平谈治国理政(第四卷)[M]. 北京：外文出版社，2022：60-61.

③ 毛泽东选集(第1卷)[M]. 北京：人民出版社，1991：302.

④ [美]加布里埃尔·A. 阿尔蒙德，宾厄姆·鲍威尔. 比较政治学、体系、过程和政策[M]. 曹沛霖，等，译. 上海：上海译文出版社，1987：14.

以发挥首先必须把自身建设成为坚强的战斗堡垒。

优化环境建设机制是村级党组织功能发挥的重要条件。辩证唯物主义关于世界是普遍联系的原理告诉我们，任何事物都不可能是一个孤立的存在。村级党组织的生存、发展和功能发挥不能脱离于它所处的特定环境。村级党组织自身建设固然是保证其功能发挥的核心因素，但“组织的生存和兴旺不是通过单纯的内部调整就能够实现的”，“处理和管理环境对组织绩效具有同等重要的作用”①。因此，村级党组织只有在加强自身建设的同时，不断优化外部环境，实现与环境的良性互动，其功能才能得到充分发挥。

创新动力建设机制是村级党组织功能发挥的重要保障。建设村级党组织功能发挥系统动力机制是保证其功能充分发挥的逻辑必然。系统理论认为，任何系统都存在于一定的环境之中并与之发生作用和联系。系统的结构方式、作用机理、演化机制都表明，事物的发展和功能发挥必须依靠内部动力和外部动力的推动，但仅仅依靠内部动力或外部动力的分散作用是不够的，至为关键的是要实现二者的有机结合，形成相互关联、良性互动的系统性动力，从而获得动力的整体涌现性效应②，为功能发挥提供坚强保障。村级党组织作为一个行为系统，也需要通过构建系统性动力为其功能发挥提供支撑。

---

① ［美］杰弗里·菲伟，杰勒尔德·K. 萨兰基克. 组织的外部控制：对组织资源依赖的分析［M］. 闫蕊，译. 北京：东方出版社，2006：5.

② 许国志. 系统科学［M］. 上海：上海科技教育出版社，2000：20-21.

第三章　完善村级党组织自身建设机制

坚持党要管党，全面从严治党，加强村级党组织自身建设，是完成党在新时代赋予村级党组织历史使命的重要政治基础和根本组织保证。习近平总书记指出："农村工作千头万绪，抓好农村基层组织建设是关键。"①从治理的视角而言，乡村治理体系本质上是党领导下的有关乡村经济、政治、文化、社会、生态等方面的制度体系②。"办好农村的事情，实现乡村振兴，关键在党。"③面对复杂动态的外部环境和村级党组织所面临的现实挑战，如何在继承发扬我党自身建设优良传统的同时，与时俱进地抓好自身建设，实现村级党组织全面进步，全面过硬，充分发挥功能，成为新时代农村基层党建急需解决的现实问题。习近平总书记强调："夯实管党治党基础，特别要有一个覆盖全面、功能健全的基层党组织体系，有一支素质较好、作用突出的党员、干部队伍……有一个正气弘扬、歪风邪气没有

① 中共中央党史和文献研究院. 习近平关于"三农"工作论述摘编[M]. 北京：中央文献出版社，2019：185.

② 马桂萍，赵晶晶. 习近平关于乡村治理论述的科学内涵[J]. 科学社会主义，2020(1)：51.

③ 中共中央党史和文献研究院. 习近平关于"三农"工作论述摘编[M]. 北京：中央文献出版社，2019：188.

市场的政治生态。”①习近平总书记的讲话不仅在实践上坚持了鲜明的问题导向，为村级党组织自身建设指明了方向，而且在学理上也具有方法论的意义。任何组织都可以视为一个生态系统，由生命系统和其所处的环境在一定的空间结合而成。村级党组织作为一种政治组织，其生命系统由党员、领导班子成员和政治生态环境组成。只有按照新时代党的建设总要求，完善自身建设机制，把党员队伍建设、领导班子建设、政治生态建设作为一个整体进行谋划，才能实现村级党组织生命系统与外部环境的良性互动，使组织力量倍增，为村级党组织功能发挥提供坚强政治保证和组织保证。

第一节　完善党员队伍质量提升机制

党员是构成政党的基本要素，在中国共产党的组织结构中，党员既是党组织的构成主体和权力主体，又是行动主体。中国共产党作为中国人民和中华民族的先锋队是要依靠党员来发挥作用的②。马克思恩格斯指出：“共产党人是各国工人政党中最坚决的、始终起推动作用的部分。”③习近平指出：“党员是党的肌体的细胞。党的先进性和纯洁性要靠千千万万党员的先进性和纯洁性来体现，党的执政使命要靠千千万万党员卓有成效的工作来完成。党要管党、从严治党必须落实到党员队伍的管理中去。”④他在“七一勋章”颁授仪式上强调：“中国共产党要始终成为时代先锋、民族脊梁，党员队伍必须过硬。”⑤马克思主义党的建设理论和实践都表明，党

① 把革命老区发展时刻放在心上——习近平总书记主持召开陕甘宁革命老区脱贫致富座谈会侧记[N]. 人民日报，2015-02-17(02).

② 李沛丽. “制度—生活”视角下的农村基层党建：挑战与对策[J]. 社会主义研究，2021(2)：136.

③ 马克思恩格斯文集(第2卷)[M]. 北京：人民出版社，2009：44.

④ 中共中央文献研究室. 十八大以来重要文献选编(上)[M]. 北京：中央文献出版社，2014：351

⑤ 习近平. 在“七一勋章”颁授仪式上的讲话[M]. 北京：人民出版社，2021：4.

员作用的发挥更多地取决于党员的质量，因此党员队伍建设应该科学处理好质量与数量的关系，坚持质量第一的原则。

从政治学的视野来看，所有政治体系都是由相互作用的结构构成的，结构由各种相互联系、相互作用的角色组成①。个人角色是政治体系的基本单位，任何政治体系的维持和发展都必须依靠个人角色的作用。组织生态系统理论认为：个体是构成组织生命系统的最小细胞，群体由个体构成，离开个体，任何组织都不可能存在。在生命系统与环境系统之间，要实现物质、能量、信息的循环交换和动态平衡，必须以生命主体为依据。生命系统与外部环境系统的交换都是通过生命主体来进行的，因此，优化体系结构、发挥体系功能的一个最重要的方面就是对构成体系结构的生命主体进行管理。

中国共产党是由一个个党员个体组成的，党员的个体形象直接影响着党的整体形象，提高党员先进性是党的先进性建设不可缺少的部分②。先锋队平庸化是中国共产党的另外一种致命的政治风险③。习近平总书记多次强调："要提高党员发展质量，加强党员教育管理，使广大党员在改革发展稳定中充分发挥先锋模范作用。"④村级党组织是中国共产党在农村的基层组织，具有"三重代表"身份，要扮演好这一角色，必须不断提高党员队伍质量。第一，这是增强村级党组织创造力、凝聚力、战斗力的基础。村级党组织由党员构成，党员质量决定并反映村级党组织状况，只有强化党员队伍建设，村级党组织才能锻造成为"最重要的武器"而使"组织力量倍增"。第二，这是发挥村级党组织功能的重要保证。政治系统论认为任何政治体系都可以看做一个行为系统。在村级党组织中，党员就是行为系

① ［美］加布里埃尔·A. 阿尔蒙德，宾厄姆·鲍威尔. 比较政治学、体系、过程和政策［M］. 曹沛霖，等，译. 上海：上海译文出版社，1987：14.

② 程又中. 百年大党先进性建设的历程与经验［J］. 社会主义研究，2021(4)：5.

③ 汪仕凯. "新群众"和"老传统"：新时代中国共产党治国理政中的群众路线［J］. 探索，2020(2)：110.

④ 习近平谈治国理政(第四卷)［M］. 北京：外文出版社，2022：504.

统中的行动者，党组织的所有活动都要靠党员去推动、去落实，党员质量决定功能发挥状况。第三，这是改变党员队伍现状的客观需要。毋庸讳言，改革开放以来，乡村经济、政治、社会、文化所发生的巨大变迁，在一定程度上弱化了村级党组织党员队伍的力量，必须通过加强质量管理加以改进。

建设一支高素质的农村党员队伍，不仅受到各级党组织的高度重视，而且也引起学界的广泛关注。把党员质量管理分成党员发展管理、日常教育管理、不合格党员处置等三个部分，成为实践工作者和理论界的基本共识。本书拟以这种划分为基础，将村级党组织党员质量提升视作一个由党员发展管理、日常教育管理、不合格党员处置构成的三位一体的系统工程，三个环节缺一不可。从这一思路出发，着力完善党员队伍质量提升机制，包括完善发展党员质量保证机制、党员角色管理长效机制、不合格党员处置机制。

一、完善发展党员质量保证机制

提高党员发展质量的关键就是要在“入口”上保证党员队伍的先进性和纯洁性。党中央对建设高质量的党员队伍历来十分重视，党的十八大以来，党中央对此更是高度关注。2018 年颁布施行的《中国共产党农村基层组织工作条例》指出：农村基层党组织应当按照控制总量、优化结构、提高质量、发挥作用的总要求和有关规定，把政治标准放在首位，做好发展党员工作①。这一要求特别强调了“优化”“提高”“发挥作用”和“政治标准”，突出了“质量”在党员队伍建设中的核心地位，表明党对党员队伍建设科学化的认识升华到了一个新的高度。但是在现实实践中，村级党组织在党员发展中仍存在着一些影响党员质量的问题，其主要表现是：

① 中国共产党农村基层组织工作条例[M]. 北京：党建读物出版社，2019：19-20.

在党员发展的来源方面：一是农民的入党热情不高，入党积极分子较少。市场经济改变了人们的价值观念，部分人由重视政治价值转为重视现实的物质利益，农村入党积极分子与改革开放之前相比在数量上普遍减少。二是入党积极分子的质量难以优化。农村中青壮年或学历较高、能力较强的人大都选择外出就业，据2021年统计，J县离乡从业的有34.39万人，占农村劳动力总数的47.86%。这部分人平时跟村级党组织基本没有什么联系，很少有人要求入党。留村的大多数是妇女、儿童和老人。三是少数村级党组织存在“等客上门”的思想，缺乏责任感，不主动物色和培养优秀分子进入入党积极分子队伍。四是少数村级党组织对入党积极分子的考察培养流于形式甚至完全忽略。

在发展党员的思想意识方面：一是少数村级党组织重入党任务的完成而往往忽视质量。有的乡镇党委提出，一个村级党组织如果三年内没有发展一名党员，党组织负责人要被问责追责。少数村级党组织为应付这种压力，对提出申请入党的人，往往敞开大门吸纳。有的村支书还认为，现在有人愿意入党就不错了，有的明知申请对象入党动机不纯，也听之任之，只要上级下达了党员发展计划，就予以发展。二是少数村级党组织在发展党员上存在的功利化倾向影响了党员发展质量。上级下达给村的党员发展计划，少数村级党组织主要用于“照顾”非党村干部入党，而不看对象是否符合党员发展条件。三是少数村级党组织在入党问题上搞不正之风，有的搞优亲厚友，有的用党票换取申请人的好处。

在党员发展的管理方面：一是对入党对象缺乏跟踪培养。入党介绍人有的是临时指定，对申请人是否具备入党条件根本就不了解。二是入党过程不公开透明，缺乏群众参与，造成有的新发展党员群众认可度不高。三是入党程序形式化。入党程序设计的本来目的就是为保证党员发展质量而设置的制度屏障，但是少数村级党组织把执行程序变成了“走形式”“弄材料”，有的乡镇党委只要材料齐全、内容过关就予以审批，只审查材料不审查人，难以真正起到质量把关的作用。

上述问题的存在既严重影响了党员发展质量，又弱化了党员队伍的先进性和纯洁性。笔者在J县下乡调查时，经常听到乡村干部感叹：现在新入党的党员，有的在党性原则和作用发挥方面远不如那些老党员。

提高发展党员质量，必须按照全面从严治党的要求，构建相应的机制，把入党积极分子培养、预备党员吸收、预备党员转正视为一个完整的过程，实行全面质量管理。

（一）完善发展党员的“全面从严”机制

一是坚持标准从严。坚持党章规定的党员条件，把政治标准放在首位。党章提出的党员标准由四个方面组成，体现在第一章的有关规定之中。其中第一条是对入党资格的规定，这是成为共产党员的先决条件和起码标准，第二条规定明确了共产党员的基本标准，这是对一个合格党员的基本要求。第三条对党员义务的八项规定是对合格党员的具体要求。第五条指出发展党员必须把政治标准放在首位，这一规定突出了对党员政治上是否合格的高度重视。因此，村级党组织在党员发展中要全面准确把握党员标准，坚持政治标准第一。对入党对象进行严格审查，不能把构成党员标准的四个方面分割开来，把入党资格等同入党标准，降低门槛。

二是坚持培养考察从严。从一个入党对象成为入党积极分子之日起到成为预备党员、转为正式党员，村级党组织要坚持不懈地加强对入党对象的培养教育，至少要安排两名以上的党员对入党对象进行从入党积极分子——预备党员——正式党员全过程的跟踪培养考察，全面把握党员的发展动态。对负责培养考察的党员，要进行相应的资格限定：一般应具备五年以上党龄、熟悉党的基本知识、平时表现优秀等。同时严格培养考察、介绍入党、介绍转正等环节相关责任人的责任。

三是坚持落实程序从严。必须把程序与实务紧密结合起来，把程序落到实处。每一道程序都要与实际操作相结合、相对照，发挥程序的质量把关作用，主要应做到：第一，要加强培训教育。对入党积极分子、党员发展对象、预备党员的培训教育不能流于形式，要实行短期集中培训与个人自学相结合，特别是要建立学习考核机制。对学习考核不过关的不得通过相应的发展程序。第二，要加强对入党动机的深入考察。动机不纯是当前影响村级党员发展质量最重要的问题之一。在调研中我们了解到，有部分人的入党动机完全是出于功利性的目的，有的是为了成为党员后增加自己的资信水平，方便贷款、就业等，有的是为了面子上好看、名声上好听。村级党组织必须通过严格的动机考察对这部分人进行识别。第三，要加强审批。乡镇党委要认真履行审批之责。乡镇党委的审批不能只注重材料是否合乎规范要求，而应更注重对发展对象、转正对象的考核考察，使审批真正起到监督、把关作用。

四是坚持实践考察从严。所谓实践考察就是指对入党积极分子、发展对象、预备党员在生产生活中实际表现的考察。就是要看申请对象在实践中“能否坚持全心全意为人民服务的根本宗旨，能否吃苦在前、享受在后，能否勤奋工作，廉洁奉公，能否为理想而奋不顾身去拼搏、去奋斗、去献出自己的全部精力乃至生命”①，村级党组织要通过组织这些入党对象参加志愿者服务，结对扶贫，安排完成村庄建设和管理中的重、难点工作，参与党内组织生活开放日活动等途径，对他们在实践中的实际作为进行考察。

(二)完善发展党员的群众参与机制

现行的党员发展程序虽然注重了群众的参与，在一定程度上改变了过去发展党员由村级党组织内部操作而出现的少数人决定少数人的缺陷，但在实践中，由于缺乏严格系统的制度作为保证，少数村级党组织在党员发展中的民主程度仍然不高。村庄场域是一个熟人社会，是人们生产、

① 中共中央文献研究室. 十八大以来重要文献选编(上)[M]. 北京：中央文献出版社，2014：116.

生活的公共空间，一个人的政治表现如何、思想状态怎样以及他的实际作为，人民群众看得最清楚。只有得到人民群众认可的人，他成为党员后才能对人民群众产生影响力，发挥示范带头效应，因此，在党员发展中，必须坚持群众参与，发挥群众作用，把群众满意作为必须坚持的标准之一。

一是实行入党积极分子、党员发展对象确定、预备党员吸收、预备党员转正的“两票制”——群众认可票和党员同意票。先由群众投认可票，对群众认可度不高的，不得提交党员大会和支部会议讨论，更不能由村支部直接确定。

二是实行党员发展全程公示制度。对入党积极分子、党员发展对象确定、预备党员吸收、预备党员转正都要通过党务公开机制进行广泛公开，接受村庄群众的监督。

三是实行淘汰制。对村庄群众认可度不高或在公示中反映出不符合入党条件问题并经查证属实的对象，要及时予以淘汰，并通过党务公开渠道进行公示。

（三）完善党员发展的追责问责机制

要加强对党员发展的全程监督，明确乡镇党委、村级党组织的主体责任和乡、村党组织主要负责人的第一责任，村级领导班子、入党培养人、考察人、介绍人和乡镇负责发展党员工作的党务人员的直接责任，强化发展党员的政治意识、纪律意识、责任意识，对监督中发现的问题实行层层追责问责，予以严格的党纪处分，触犯法律的，依法予以严惩。

二、完善党员角色管理长效机制

习近平总书记提出：“如何把广大党员教育管理好，充分发挥党员的先锋模范作用，特别是如何建立和健全保持共产党员先进性的长效机制，是党的自身建设中的一个重大问题。"①2019 年 5 月颁布施行的《中国共产党党员教育管理工作条例》指出：党员教育管理是党的建设基础性经常性工作②。保持党员先进性和纯洁性是一个长期的过程，必须构建党员管理长效机制。传统的党员管理模式，主要是从外部的角度，通过提出"应然"的要求来强化对党员的教育管理，往往忽视帮助和促进党员实现自我角色的建构，缺乏对内生动力的激发，因而难以收到满意的效果。党员是政党的基本组成单元，党员身份反映了个体对政党的政治认同，表达了个体的政治归属感和认同感③。党的十八大以来，习近平总书记多次强调每个党员、干部都要"增强角色意识和政治担当"④，为创新党员角色管理长效机制开辟了新视野。

角色理论认为，社会角色是指与人们的某种社会地位，身份相一致的一整套权利、义务的规范与行为方式。它是人们对具有特定身份的人的行为期望，构成了社会群体或组织的基础⑤。政治结构的基本单位即个人角色，一个角色就是一种规范的行为模式。而政治过程就是一系列政治角色按照一定的政治规范扮演自己的角色而构成的政治运行轨迹。"政治行为……永远是政治角色所表现的行为。"⑥因此，加强角色管理是任何政治体系展开政治过程，发挥自身功能的逻辑必然。

村级党组织作为一种政治组织，构建党员角色管理长效机制不仅在理论上是必需的，同时也是解决党员管理中存在的突出问题，提升党员队伍质量的重要实践途径。本书第二章在"村级党组织功能发挥的现实困境"小

① 习近平. 改革开放 30 年党的建设回顾与思考[N]. 学习时报，2008-09-08.

② 中国共产党党员教育管理工作条例[M]. 北京：党建读物出版社，2019：4.

③ 蔡文成，张艳艳. 列宁关于无产阶级政党的党性原则及时代启示[J]. 社会主义研究，2020(2)：45.

④ 中共中央党史和文献研究院. 习近平关于全面从严治党论述摘编[M]. 北京：中央文献出版，2016：33.

⑤ 郑杭生. 社会学概论新修(第 4 版)[M]. 北京：中国人民大学出版社，2013：155.

⑥ [美] 艾伦·C. 艾萨克. 政治学：范围与方法[M]. 胡谆，等，译. 杭州：浙江人民出版社，1987：302.

节中指出了笔者在J县调查了解到的党员队伍中存在的一些问题，这些问题的形成与党员角色意识淡化、角色行为偏离和党组织对党员的管理机制存在路径依赖有着密切关系，少数村级党组织未能与时俱进构建科学的党员队伍管理机制，导致党员先锋模范作用弱化，党组织软弱涣散，凝聚力、战斗力下降，功能发挥受到严重影响。

从角色理论的视野来看，完善党员角色管理长效机制，充分激发党员自我教育、自我管理、自我提高、自我完善的内生动力，应注重以下几个方面：

（一）强化角色意识

角色意识是指个体在特定的社会关系中对自己所扮演的角色的关系、地位、作用、规范、权利、义务、形象和行为等方面的认识、态度、情感的综合①，党员角色意识就是党员对自身角色地位的认识、对角色规范的理解以及角色扮演的体悟。角色意识属于观念形态，它影响和支配着党员的角色行为，是党员角色扮演行为的内部动因，是决定角色扮演是否成功的基础和关键。根据党员角色意识的构成机理，强化党员角色意识主要有以下途径：

（1）以马克思主义为指导，加强党员的世界观、人生观、价值观和理想信念教育。人们的行为方式甚至精神面貌都是受世界观、人生观、价值观支配的。党员角色意识的形成也以一定的世界观、人生观、价值观作为指导和依据。政治上的自觉来自理论上的清醒，因此，必须加强对农村党员进行马克思主义基本理论、毛泽东思想、中国特色社会主义理论，特别是习近平新时代中国特色社会主义思想的学习教育，用科学的理论武装头脑。有的村级党组织过分强调农村党员的文化水平层次较低，又处于社会底层，学理论难度大、用处少，因此忽视和放松了对农村党员进行系统的

① 奚从清. 角色论[M]. 杭州：浙江大学出版社，2010：91.

马克思主义教育，这是影响农村党员政治素质和形成正确角色意识的重要原因之一。针对特定的对象，农村党员教育培训必须改变常规的方法。要结合农村党员的特点和实际，通过马克思主义理论大众化的途径，对农村党员进行全面系统的马克思主义思想理论教育。从角色实现的目的来看，共产党员是一个表现性角色①，一个真正共产党员入党不是为了谋取自己的功利，而是由于对马克思主义的坚定信仰和对共产主义的远大理想及中国特色社会主义共同理想的追求，对党的宗旨、纲领、路线的高度认同而加入中国共产党的。对于一个真正的共产党人而言，“信仰坚定和神圣应当比自由和生命更重要”②。对马克思主义的信仰、对共产主义和中国特色社会主义的信念是党员角色的本质特征和内在要求，也是保证党员角色意识成熟而稳定的重要支撑，习近平总书记多次强调要“坚守党的性质宗旨、理想信念、初心使命不动摇”③。有少数农村党员角色意识淡化、角色行为偏离、角色扮演失败，其主要原因就是理想信念滑坡。村级党组织要认识到，如果没有坚定的信仰和理想信念，党员的角色意识就会消退，就会由一个先进性角色变为一个普通人角色，出现角色混淆，村级党组织的影响力和战斗力就会因此而削弱，村级党组织功能就不能得到充分发挥。共产主义远大理想和中国特色社会主义共同理想的实现，是通过一个一个阶段性任务的完成、一个一个阶段性目标的实现来逐渐推进，连续推进的过程。村级党组织要把理想信念教育同党在新时代提出的目标任务及村庄实际结合起来，制订与之相衔接的工作目标和落实计划，增强党员角色意识培养的时代性、针对性、亲和性和有效性。

---

① 根据角色所追求的目标，可以将角色区分为表现性角色和功利性角色。表现性角色指不以获得经济上的效益或报酬为目的，而是以表现社会制度与秩序、社会行为规范、价值观念、思想道德等为目的的社会角色。功利性角色指那些以追求效益和实际利益为目标的社会角色。参见郑杭生. 社会学概论新修(第4版)[M]. 北京：中国人民大学出版社，2013：157.

② 郭慧超. 缺什么都不能缺信仰：学习党的领袖关于信仰的重要论述[J]. 毛泽东邓小平理论研究，2021(11)：80.

③ 习近平. 牢记初心使命，推进自我革命[J]. 求是，2019(15)：7.

(2)加强党史和党的知识学习教育。要通过学习教育，加深党员对党的认识和党员角色的了解，增强知党、爱党、兴党的政治情怀和对党员身份角色倍加珍惜、倍感自豪的情感，充分认识到党员角色在村级党组织中的权力主体、活动主体地位，把作为一个主体角色的先进性要求同村级党组织的先进性联系起来，把先进性要求融入党员角色意识之中，使党员时刻牢记自己是党的人，是组织的人，是群众中的先进分子，党员角色是第一身份，自觉地使党员角色在自身的角色丛中居于支配地位，成为主导角色。

(3)明确角色期望。所谓角色期望实际上包括一整套行为规范，内含着人们的价值认同。事实上存在着两种角色期望，一种是社会期望，即组织团体与他人对于角色的期待与要求，主要通过风俗习惯、道德规范、法律规范、制度纪律、组织章程、价值评价等表现出来。一种是自我期望，是指角色在对社会期望的理解和角色领悟的基础上，对自己角色扮演行为的一种预期和设想。社会期望影响和制约着角色的自我期望，形塑着角色的扮演实践，是角色意识形成和强化的重要动力。但社会期望只有内化为角色的自我期望，成为角色的自我需求，才能形成符合社会要求、有利于实现角色社会价值的角色意识。在中国语境下，党员是一种特殊的政治角色，社会对党员的期望既有与对社会成员的要求相重合的一面，又有对党员这一特殊身份的独特要求。因此，村级党组织既要加强对党员的社会规范教育，在党员的角色意识中打上社会规范的烙印，更要注重对党员进行党章和党内法规教育，使党员深刻领悟和把握党员标准、党员的权利与义务、党的纪律与制度规范，引导党员充分理解、领悟社会与党组织对党员的角色期望，使自我期望与社会期望相契合，形成有利于角色扮演成功的角色意识。

(二)促进角色实现

角色实现就是角色主体按照与角色地位相应的一套权利义务和行为规

范去实施自己的角色行为，完成角色扮演任务。增强党员意识是角色实现的基础，但是党员角色的实现，还需要具备一系列的条件，这种条件的创造既要靠主体角色能动性的发挥，又要靠村级党组织的帮助和支持，为促进党员角色实现，村级党组织重点要做好以下工作：

1. 加强技能培训，提高角色能力

党员要成功扮演自己的角色，必须具备一定的角色技能，如果角色技能不强，就会造成角色中断甚至角色失败①。因此，村级党组织要根据党员角色扮演所需的技能，充分考虑农村党员的文化知识水平和技能基础，开展有针对性的培训。在培训内容上，可围绕提升党员做群众工作的能力，开展沟通协调技能培训；围绕增强致富示范带头能力，开展实用技术培训；围绕党员提高现代学习能力，开展互联网技术培训。在培训方法上，要针对农村党员特点，采取党员易于理解、乐于接受的方式进行。在培训形式上，既可以“走出去”到外面参观取经，又可以请进来，请专家、能人进行辅导，还可以在党员之间进行传帮带，也可以向群众学习。

2. 帮助角色调适，化解角色冲突

角色理论认为，在社会生活中，每个个体不只扮演一种角色，而是集多种角色于一身的角色丛。在默顿看来，角色丛就是“人们由于占有某一特殊的社会地位而具有的角色关系的全部”②。在角色的关系网络中，由于存在不尽相同甚至互相矛盾、抵牾的角色期望，角色冲突在所难免，所谓角色冲突，就是角色扮演者在角色扮演时在心理上和行为上的不适应、不协调状态③。角色冲突会引起角色紧张，导致角色行为障碍，影响角色实现。帮助党员化解角色冲突，摆脱角色困境，是保证党员角色功能发挥的

① 角色中断是指一个人前后相继所承担的两种角色之间发生了矛盾的现象。角色失败是指由于多种原因，角色扮演者已经无法进行成功的表演。参见郑杭生. 社会学概论新修(第4版)[M]. 北京：中国人民大学出版社，2013：161-162.

② [美]罗伯特·K. 默顿. 社会理论和社会结构[M]. 唐少杰，等，译. 南京：译林出版社，2006：567.

③ 喻安伦. 社会角色理论磋探[J]. 理论月刊，1998(12)：41.

重要外部条件。因此，村级党组织要及时关注党员的心理、行为状况，探明角色冲突的原因，有的放矢解决问题。

第一，要了解党员的角色结构。角色理论认为角色是社会互动的结果，任何角色都是相对于其他角色而存在而且受这些相对角色的影响。农村党员兼具公民、农民、党员这三种主要角色，公民是其社会角色，农民是其职业角色，党员是其政治角色，其中农民角色和党员角色是农民党员个人活动的主要领域①。要了解农民党员的角色结构，必须以农民角色和党员角色为中心，尽可能逐一掌握每个农民党员角色及其角色相关者的信息，如家庭成员、服务对象等。了解这些角色相关者的职业、文化、政治情感，对农民党员角色的认识、理解和态度，对角色承担者的影响力，为村级党组织防范和化解农民党员的角色冲突提供重要的研判资讯。

第二，要掌握农民党员角色冲突的基本规律，为科学化解角色冲突打好基础。有部分研究者认为，角色冲突主要存在两种类型，即角色间冲突和角色内冲突。笔者根据对J县的田野调查发现，农民党员事实上存在以下三种角色冲突的情形：一是角色外冲突。农民党员的角色外冲突主要发生在角色主体与角色相关者之间。默顿指出："占据某一地位的任何人都有处于社会结构中不同位置的角色相关者存在的结构特征。结果，这些角色相关者会以某种方式具有不同于上面所说的地位占有者的价值和道德期望。"②作为一个农民党员，同时承担着多种社会角色，这些社会角色又与众多的角色相关者联系，这些角色相关者对角色承担者会提出不同的角色期待，并且可能互相矛盾，导致角色承担者与角色相关者发生冲突。二是角色间冲突。农民党员的角色间冲突主要表现在主体所扮演的农民角色和党员角色之间的冲突，作为一个农民，从角色目的来划分，他是一个功利性的角色，他的角色扮演主要是追求自身利益的最大化。从行为约束程度

① 扎那. 农民党员的角色间冲突与平衡[J]. 中共浙江省委党校学报，2016，32(1)：46.

② [美]罗伯特·K. 默顿. 社会理论和社会结构[M]. 唐少杰，等，译. 南京：译林出版社，2006：569.

来划分，他是一个开放性角色①，他可以在遵守社会一般规范的前提下，按照自己的意愿来进行角色扮演。作为一个党员，他是一个表现性角色，必须把党和人民的利益放在首位甚至可以牺牲自己的生命和个人利益。同时，党员也是一个规范性角色，除了必须遵守作为一个农民角色所遵守的社会规范外，还必须按一个党员的义务、权利所要求的行为模式行事。因此在一个主体扮演的农民角色和党员角色中存在着物质利益、思想行为等方面的冲突，有时甚至处于对立状态。三是角色内冲突，就是指党员在扮演某一角色时所发生的冲突。如农民党员在扮演党员这一角色时经常会碰到原则性和灵活性的矛盾，相信群众、依靠群众与“当群众尾巴”之间的矛盾，想带领老百姓致富又担心市场风险的矛盾等。

第三，要建立防范与调节机制。一是要建立外部调节机制。村级党组织要充分利用自身的特点，发挥思想政治工作的传统优势，做好深入细致的思想政治工作。要深入到党员之中去，了解角色承担者的心理和行为状态，掌握可能造成角色冲突的风险点和已经造成角色冲突的原因，主动帮助化解。二是要强化党员角色承担者的角色意识，促进角色承担者把党员角色放在第一位置，使党员角色在角色承担者的角色丛中占据主导地位。同时要帮助角色承担者协调与相关角色者的关系，增进角色相关者对党员角色的了解，使他们对角色承担者的期望与社会期望基本一致。三是要加强对角色承担者的人文关怀，帮助他们切实解决角色扮演中存在的实际困难。要体现对角色相关者的关心关爱和尊重，为角色扮演创造良好的外部环境。四是要激发角色承担者建立内部调节机制。引导角色承担者锻炼自己的意志品质，增强角色沟通技能，发挥自身的主观能动性，化解和缓解角色冲突。

---

① 从社会角色规范化的程度，可以将角色划分为开放性角色和规定性角色。开放性角色是指那些没有严格、明确规定的社会角色。这类角色的承担者可以根据自己对角色的理解和社会对角色的期望而从事活动。规定性角色是指有比较严格和明确规定的角色，即对此种角色的权利与义务、应当做什么和不应当做什么都有明确规定。参见郑杭生．社会学概论新修(第4版)[M]．北京：中国人民大学出版社，2013：157.

3. 搭建角色实践平台，实现角色服务功能

要把党员角色实践的经常性平台做实。根据笔者在J县的调查，全县村级党组织虽然普遍搭建了党员设岗定责、党员承诺、结对帮困、创先争优等党员发挥作用的平台，但是少数村存在形式主义的倾向，严重影响了党员角色功能的实现，降低了党组织和党员在群众中的公信力，因此村级党组织要彻底摒弃形式主义，充分利用这些平台，对党员提出明确的任务要求，明晰角色期望，细化角色规范，真正使这些平台成为党员实现角色功能的载体。

要围绕重点、难点工作提供党员实现角色功能的平台。党员角色的重要功能就是发挥先锋模范作用，在党员角色实践中体现先进性。对于重点、难点工作，村级党组织要安排党员走在前列，干在前头，使党员在干事创业、攻坚克难中发挥角色作用。

要围绕服务群众提供党员角色实践的平台。密切联系群众、服务群众、做好群众工作，是党员角色功能的应有内涵，村级党组织要建立党员联系群众、服务群众的长效机制，如制定定期走访制度、民情民意探访制度、结对帮扶制度、有困难找党员工作制度、党员志愿者服务制度及党员联系群众、服务群众的考核评比制度等，让党员在密切联系群众、服务群众中实现角色功能。

(三)防范角色背离

保持共产党员的先进性和纯洁性，既是对党员角色的内在要求，也是各级党组织进行党员队伍管理的首要目标和重要任务。纯洁性是先进性的基础和前提，先进性是纯洁性的保障和体现，二者相辅相成，统一于党员角色的建构中。只有保持党员队伍的先进性和纯洁性，党员队伍才能充分发挥积极作用，党组织才能坚强有力，才能获得人民群众的认可与支持。党员的先进性和纯洁性建设是一个长期的过程。党员是一个具有主观能动性的主体，面对动态复杂的外部环境和多种多样的角色期望，如果缺乏教

育与各种监督，少数党员的先进性和纯洁性就会发生蜕变，产生角色背离。

党员角色背离就是指一个党员的角色实践已经违背了党员应该践行的角色期望和行为规范，基本丧失甚至完全丧失了党员的先进性和纯洁性。党员出现角色背离，固然有党员个人的主观原因，但党组织疏于对党员的教育、管理和监督也是十分重要的因素。因此，必须建立系统化的村级党员管理机制，使每个党员都能自觉遵守党员的角色规范和社会期待，防范角色背离。一是建立党员的日常教育、管理机制。村级党组织要及时掌握每个党员的平时表现，发现偏差及时提醒、教育，督促党员进行自我修正。二是建立对党员全方位的监督机制。实现党组织监督、党员之间的监督、群众监督相结合。发现党员角色偏离的苗头，要及时进行批评教育，防微杜渐。三是构建党员角色背离的追责问责机制，促进村级党组织主动采取措施防范党员角色背离。对出现党员角色背离较为严重的村级党组织，乡镇党委和纪委要严格追究村级党组织负责人的责任，取消村级党组织的评先资格，并列入党建工作不力的重点管理对象，督促整改。

(四)构建反馈机制

角色评价是指社会、组织和他人对个体的角色扮演效果赋予某种意义的活动①。建立角色评价反馈机制对角色实践具有重要意义。从角色扮演过程来看，角色功能发挥是角色与社会互动的结果，不可能外在于社会系统，将角色作用的相关者对角色扮演的评价反馈给角色扮演者，会使角色扮演者形成新的角色调整，使角色扮演更符合角色期望。村级党组织角色评价反馈机制的建立要重点抓好三个方面：

(1)建立定期与不定期相结合的党员评议制度。定期的评议制度，可结合半年小结、年终总结进行，实行党员互评、群众评议和村级党组织评

① 陈卫平. 角色认知的概念与功能初探[J]. 社会科学研究，1994(1)：107.

议相结合，不定期的评议主要是指村级党组织负责人对党员角色承担者平时进行角色实践的情况进行点评，如岗位履责情况的点评、在某项中心工作和突击性工作任务完成过程中或完成以后的点评、党员平时言行的点评等。

(2)村级党组织要注意收集群众平时对党员的评价信息，并通过党组织谈心谈话等渠道及时予以反馈。

(3)帮助党员正确分析处理各种评价信息。如果评价者的评价标准与党员行为规范相一致，要鼓励角色承担者继续发扬为评价者所肯定的方面，主动整改为评价者所否定的方面。如果评价者的评价标准不符合党员行为规范，要鼓励党员坚持按党员行为规范进行角色实践。

(五)构建流动党员有效管理机制

随着市场经济的日益完善和城市化、工业化的不断发展，农村人口非农化趋势仍将继续。作为人口流动的一部分，农村流动党员也将长期存在。虽然从中央到地方，从流出地到流入地都将流动党员管理作为党的组织建设的一个重要课题，进行了一些探索和实践，但实际效果并不十分理想。现有制度设计中，对党员流动管理主要偏重于强调各级党组织的管理责任，而忽视了强化管理对象应有的角色意识，缺乏相应的角色约束机制，致使作为管理对象的流动党员在管理过程中因为组织约束缺位而常常“不在场”。主要表现为大量“口袋”党员的存在、“在册不在线”党员的存在和一定数量的“失联”党员的存在。这部分党员既不参加组织活动，也不履行党员义务，甚至连党费都不缴纳，成为“徒有虚名”的名义党员。农村流动党员在农村党员队伍中占有较大的比重，创新流动党员教育管理监督办法，构建流动党员角色管理机制，对于保证和提升党员队伍的整体质量十分必要，可以通过以下措施来构建：

(1)强化党员找组织的政治责任。任何党员都必须参加一个党的支部，这是党员的基本权利，也是党员应该遵守的起码的政治规矩。建党之初，党就指出："支部是党的生活中心，是每个党员生活的中心……每个党员，脱离了支部生活，就等于脱离了党的生活，就等于脱离了党。"①党员找组织是对党员党性的基本要求。流动党员作为一个数量较大，而且年龄层次相对集中的群体，对他们的教育管理监督具有一定的特殊性，也有着独特而重要的意义。应明确流动党员的角色规范，强化"党员找组织"的政治责任，规定流动党员离开党籍地6个月内，必须主动到流入地找一个党组织报到，主动接受当地党组织管理，参加党的组织生活，积极履行党员责任与义务，行使党员权利，并制定对党员违背这一规定的严厉惩处办法。

(2)强化流出地党组织的监督责任。对党员离开党籍地时间超过六个月，不能在党籍地过组织生活的，党籍地党组织要主动督促党员在规定时间内将组织关系转入流入地党组织。

(3)强化流入地党组织的服务管理责任。县市级党委组织部门要设立专门的流动党员服务管理中心，负责流动党员管理的组织关系转接，并将其纳入流入地的一个支部进行日常教育管理监督。在流入党员较多的地区，流动党员的服务管理网络要由县(市、区)级党委组织部门统筹拓展至基层党组织，对流入地党委组织部门履行流动党员管理服务职责不力的，要严肃追究当地党委和组织部门的责任。

(4)利用现代科技手段进行流动党员管理。应尽快推行党员信息卡制度，并配套完善相关信息管理系统，使党员凭党员信息卡就能方便地接转组织关系，参加组织生活，主动接受党组织的管理。

三、完善不合格党员处置机制

列宁认为把不合格党员清洗出去和提高留在党里的党员质量都是保持

① 中央档案馆. 中共中央文件选集(第2卷)[M]. 北京：中央党校出版社，1989：612.

党员先进性和纯洁性的必要措施，他指出："徒有其名的党员，就是白给，我们也不要。世界上只有我们这样的执政党……才不追求党员数量的增加，而注意党员质量的提高和清洗'混进党里来的人'。"①他在俄共(布)九大会议上指出："我们党员现在达到的巨大数字，使人有些担心，而且这里存在着极其实在的危险。"②苏共垮台、苏联瓦解的事实证明了列宁担心的正确性。

畅通出口，劝退不合格党员，是严格党员标准，严肃党的纪律，保证党员队伍先进性和纯洁性的重要措施。党章明确指出：党员缺乏革命意志，不履行党员义务，不符合党员条件，党的支部应当对他进行教育，要求他限期改正，经教育仍无转变的，应当劝其退党。但在实践中，这项工作难以得到落实。被清除出党的只是那些触犯刑法和严重违纪，依照党纪应该被开除党籍的人，"离线党员""三不党员"等已经与党员标准不相符合的人，大多数还仍然留在组织内，损害了党组织的形象，影响了党员先锋模范作用和党组织功能的发挥。在J县调查时，有不少村支部书记对笔者说，这些人不仅没有发挥先锋作用，往往还拖村里的后腿，连个普通群众都不如。因此，构建不合格党员退出机制，是建强党员队伍、提高党建质量的必然要求和重要途径，重点要做到：

建立党员分类定级制度。将党员分为优秀、合格、不合格等次，每年组织一次对党员的考核，由党组织、党员、群众民主评议确定每个党员的等次，对连续三年被评为不合格等次的党员，村级党组织要劝其退党。

建立党员自愿登记制度。每年进行一次党员登记，对那些自己放弃党员登记的人，视为自动退党，在履行一定程序以后，予以除名。

严格党员退出机制。对革命意志衰退和抱有不纯的入党动机混进组织的党员，当他们提出退党申请时，组织上不必挽留，而应予以除名。对角色异化的党员，按照党纪党规应当清除出党的要坚决清除，决不姑息。

---

① 列宁专题文集·论无产阶级政党[M]. 北京：人民出版社，2009：222.
② 列宁全集(第30卷)[M]. 北京：人民出版社，1957：443.

第二节　完善领导班子建设机制

毛泽东强调："政治路线确定之后，干部就是决定的因素。"①组织行为学认为：领导者支配着组织的活动，主导着组织的行为模式。领导者的特性就是运用自身和组织的资源影响他人和组织在一定条件下完成任务，实现目标。缺乏有效领导的组织是难以出色地完成组织任务，实现组织目标的②。伯恩斯在《领袖论》一书中说道："政党权力的大小，取决于党的各级领导者的能力。"③

村级党组织是党在农村各项工作和战斗力的基础，是村庄各项工作和各种组织的领导核心，加强村级党组织领导班子建设是村级党组织功能发挥的关键④。我们党一直十分重视村级党组织领导班子建设。2009 年中组部专门下发了《关于加强村党支部书记队伍建设的意见》，习近平多次强调："办好农村的事，要靠好的带头人，靠一个好的基层党组织。"⑤从现实实践来看，党的十八大以来大多数村级党组织班子建设都得到了进一步加强，但仍存在不少问题，削弱了村级党组织的创造力、凝聚力、战斗力，制约了村级党组织功能的发挥，也影响了党对农村的全面领导，与新时代赋予村级党组织的历史使命和重要职责，与上级党委、政府和人民群众的期望不相适应。加强村级党组织领导班子建设是农村基层党建必须破解的一个重要课题。

---

① 毛泽东选集(第 2 卷)[M]. 北京：人民出版社，1991：526.

② 顾琴轩. 组织行为学(第 2 版)[M]. 上海：上海格致出版社、上海人民出版社，2011：35.

③ [美]詹姆斯·麦戈雷尔·伯恩斯. 领袖论[M]. 刘李胜，译. 北京：中国社会科学出版社，1996：372.

④ 翟昌民. 乡村政治视域中的党建研究[M]. 北京：中共党史出版社，2010：262.

⑤ 中共中央党史和文献研究院. 习近平关于"三农"工作论述摘编[M]. 北京：中央文献出版社，2019：189.

《中国共产党农村基层组织工作条例》指出：村级党组织领导班子应当由思想政治素质好、道德品行好、带富能力强、协调能力强，公道正派、廉洁自律，热心为群众服务的党员组成。村级党组织书记还应当具备一定的政策水平，坚持依法办事，善于做群众工作，甘于奉献、敢闯敢拼①。在实践中落实这一要求，既要面对现实，又要立足长远，要运用系统思维，从整体上构建村级党组织领导班子的选配、教育、管理和储备机制。

一、完善领导班子选配机制

（一）注重整体构建

在村级领导班子的构建中，书记无疑占据着十分重要的位置，选优配强村级党组织书记应该成为班子建设的重中之重。但是有的地方片面强调书记的地位和作用，把班子建设简约为只抓书记配备，“以为只要选好书记就大功告成”。丁俊萍等认为这种做法有可能造成村级党组织集体领导上的缺失和党内民主的弱化②。笔者在J县调查时发现，片面强调村支书的配备而忽视班子的整体建设，还会影响班子年龄梯次结构的形成、能力素质的互补、整体合力的提高，村级党组织的功能也难以得到充分发挥。在现代社会中，几乎所有重要的组织都要实行团队式领导，即发挥团队的作用。所谓领导者，不是指某个个人，而是指一个领导集体。因此，在村级党组织领导班子建设中，要树立整体观念，既要选优配强书记，又要注重副书记、支委的配备，形成合理的结构。

（二）坚持用人标准

笔者通过对J县部分软弱涣散村级党组织的考察发现，其形成原因不

① 中国共产党农村基层组织工作条例[M]. 北京：党建读物出版社，2019：15.

② 丁俊萍，邓旭峰. 农村基层党组织民主建设探析[J]. 湖北行政学院学报，2005(1)：48.

仅与村级党组织书记素质不高或书记职位长期空缺以及班子整体结构不合理等因素有关，还与选配班子的用人标准出现偏差有关。有的乡镇党委选用村级党组织负责人的标准主要是两个：一是能维稳，可保证村级范围内“不出事”；二是能完成乡镇交办的任务。实质上就是一种“摆平”的逻辑。因此，在实践中，少数乡镇往往使用有钱有势的富人，有宗族或大家族背景的狠人，甚至恶人，作为村级党组织领导班子成员。在税改之前，这种配备方式在J县少数乡镇曾较为普遍并留下了深刻的教训，税改后，所谓“能人”“富人”治村在有的乡镇仍是配备村级党组织领导班子的主要标准，不少学者如贺雪峰①、董江爱等②、陈晓莉等③都指出了这种配备方式存在的问题与危害。

笔者认为，配备村级党组织不能简单地看“能人”“富人”的标签，更重要的是看他的内在品质，分析他当村干部的动机。应该放宽视野，坚持德才兼备、群众公认、事业为上的原则，把政治标准放在首位。要按照“信念坚定，为民服务，勤政务实，敢于担当，清正廉洁”的要求，真正把那些优秀党员选拔进村级领导班子，使选用的班子成员既政治过硬，又懂农业、爱农村、爱农民，忠诚干净、本领高强、敢于担当。

(三)改革领导体制

自村民自治制度实行以来，不少地方出现了村党支部委员会和村民委员会之间的矛盾，通称“两委”矛盾，不仅引起了学界的广泛关注，一些地方的党组织也注意到这个问题，进行了一些制度创新。山东威海和广东顺德等地探索出村支部书记、村委会主任“一肩挑”的办法，从体制上化解

---

① 贺雪峰. 新乡土中国[M]. 北京：北京大学出版社，2013：94-101.

② 董江爱，张嘉凌. 基层党建视阈下的农村政治生态优化研究[J]. 长白学刊，2016(6)：21.

③ 陈晓莉，钟海. 在全面从严治党中优化农村基层政治生态[J]. 理论探讨，2017(5)：128.

“两委”冲突，加强和巩固村级党组织的领导核心地位。2002 年 7 月中共中央办公厅印发文件，提倡和鼓励“一肩挑”。2018 年 1 月以来，《中共中央国务院关于实施乡村振兴战略的意见》《乡村振兴战略规划(2018—2022年)》《中国共产党农村基层组织工作条例》《中国共产党农村工作条例》再次强调实行村级党组织书记“一肩挑”制度，即村党支部书记通过法定程序担任村委会主任和村级集体经济组织、合作经济组织负责人①。“一肩挑”具有充分的法律依据。中国共产党是中国人民和中国特色社会主义的领导核心，党的领导地位是宪法赋予的，党政军民学，东西南北中，党是领导一切的，实行村民自治不可能不要党的领导，一度曾有学者片面强调“两委”分设，实则是对“党政分开”的片面理解。从政党政治的角度而言，政党是以执掌政权为目的的，落实党对农村的全面领导，需要在农村实行村民自治的基础上实行“党政合一”制度②。“一肩挑”也具有很强的现实基础。根据笔者在 J 县的调查，实行“一肩挑”比较切合基层的实际，制度效益比较明显，受到农村广大党员群众和干部的肯定。综合起来主要有以下优点：一是真正从领导体制上保证了党的领导、人民当家做主、依法自治的有机统一，有利于村级党组织领导下的村级治理体系的完善和落实。二是优化了班子结构，实现了从原来人才分散于分设的“两委”之中，到人才集聚、整合到“一套人马”之中。三是化解了“两委”矛盾，改善了工作环境，有利于提高工作效能。四是精简了人员，减少了运行的经济成本。五是使村“两委”班子置于上级党组织、村庄党员、村民群众三者的监督之下，有利于促进村“两委”班子转变作风，切实对群众负责。因此，在进一步优化、完善“一肩挑”模式的同时，要坚持按“一肩挑”的体制架构选配村级党组织领导班子。

① 易新涛. 村党组织书记“一肩挑”的生成逻辑、内涵解析和实施指向[J]. 探索，2020(4)：115-116.

② 党国英. 通过制度创新改善党对农村的领导[J]. 中国改革，2000(10)：13.

(四)创新选配方式

传统的村级党组织领导班子选配方式一般采取先由乡镇党委通过走访座谈等方式了解部分党员和群众代表的意见，征求包村干部和村所在片区(战线)党组织负责人的意见，再由乡镇党委提出预备人选，然后到所在村召开党员大会选举产生村级党组织领导班子。这种方式虽然也在一定程度上发扬了民主，但由于受传统体制的影响，运行过程及其结果很大程度受极少数负责选任工作的乡镇干部的影响，而且，这中间可能有很多环节遭到变通，致使选配结果的公信力降低。

群众认可是树立村级领导班子权威的前提。一些地方为了真正选出让群众满意、让上级党组织满意的领导班子，积极探索，创造了“两票制”“二推一选”等新模式，增强了“两委”成员的民意基础。西方学者对这种中国特色的村干部选举模式也表示了高度关注，有研究者认为村民选举村干部，可以使基层组织摆脱那些不能胜任的、有腐败行为的、不受欢迎的村干部，使党获得群众更多支持，增强国家的控制力。所谓两票制，第一票是指村民的信任票或称民意票，即由全村选民以无记名投票方式推选党组织领导班子，第二票是支部党员选举票，即由村全体党员按差额方法选举党支部领导班子成员①。“二推一选”的具体做法是：先由全体选民按规定职数的两倍推荐党支部初步候选人，再由全体党员从初步候选人中按20%差额提名候选人。第三步由全体党员投票选举产生党支部成员②。应该肯定“两票制”和“二推一选”都是村级领导班子选配的重大创新，在实践中已充分显示其生命力，但笔者认为，这两种形式虽然在一定程度上扩大了基层民主，但对党管干部的原则落实不够。在村级“两委”班子配备中如何做

① 王久高.“两票制”、“一肩挑”和“一制三化”模式探讨[J].云南行政学院学报，2007，9(4)：65.

② 董江爱.“两票制”、“二推一选”与“一肩挑”的创新性——农村基层党组织执政能力建设的机制创新[J].社会主义研究，2007(6)：75.

到既严格依法依规，充分体现民主、尊重民意，又体现党管干部的原则，保证公平公正地选人用人，用制度化的手段防范“贿选”和宗族房头、黑恶势力、宗教势力等的干扰，保障群众和党员的民主权利得到充分实现，是对“两票制”“二推一选”等制度进行完善的重点。

笔者建议可以在村级党组织领导班子选配中建立“两选两票一审”机制。“两选”即村级党组织领导班子成员候选人初选和正式选举，“两票”即群众民意票、党员选举票，“一审”即乡镇党委考核、审查。其具体操作分换届时和换届中两种情况，分别设置相应的程序。在换届时，按以下程序进行：①动员党员按法定程序参加村民委员会选举；②根据选举中党员得票多少拟定村级党组织领导班子候选人方案；③乡镇党委对拟定候选人进行考察、审核，确定正式候选人名单；④召开党员大会，由党员投票选举产生支部委员、副书记、书记。对实行“一肩挑”的村，在村委会选举中当选为村主任的党员，可以直接作为支部书记人选。在届中出缺的情况下，仍然采用“两选两票一审”机制补充空缺职位，具体做法为：①公开空缺职位及相关要求，由群众投票，推举候选人；②根据群众投票结果拟定候选人方案，报乡镇党委考核、审查；③乡镇党委通过考核审查后提出正式候选人名单；④召开全村党员大会进行选举，确定正式当选人。

二、完善领导班子教育机制

笔者通过对湖北省部分县市区的调查，了解到由于各级党组织的重视，在县级层面都普遍建立了村支部书记年度培训的制度化机制。但是村级领导班子培训教育却存在亟待改进的问题：在培训体系上，乡镇党委尚未建立与县级层面衔接配套的机制，未能形成县乡联动，村干部培训在乡镇一级基本没有计划；在培训对象上，只注重了对村支部书记的培训，对其他班子成员的培训较少；在培训内容上，往往是由培训主办者确定主题。这些主题并非没有意义，但由于受主办者对乡村工作了解程度、主办者偏好等因素的制约，培训内容个性化程度低，针对性不强，难以形成对培训对象的吸引力，更由于培训内容与培训对象的需求脱节而难以收到应有的效果。因此，应该创新培训理念，改变培训方式，充分开发利用培训资源，建立以角色需求为中心，以村级班子整体为对象，以提升角色实践能力为目标，对不同角色对象进行有针对性的分类培训的机制。

（一）构建县、乡、村教育培训联动机制

县级以党校为阵地，负责培训村支部书记。乡镇以乡镇党校为阵地，负责培训村级班子其他成员，也可根据工作需要，开展支部书记培训。村级主要提供学习转化的实践平台或进行实用技术培训，从而形成县、乡、村三级基层党组织教育培训联动机制。

（二）确立以角色为中心的培训理念

要以角色需求为中心设计培训内容，根据角色胜任的基本需求进行分类施教。一是进行思想理论培训，主要是对村级党组织领导班子成员进行马列主义、毛泽东思想、中国特色社会主义理论，特别是习近平新时代中国特色社会主义思想的学习培训。二是进行角色规范培训。要根据不同类型的角色，进行角色权利、义务的培训，特别是要进行岗位职责培训，明确角色实践要求。同时，还要进行角色行为规范培训，进行党规党纪和国家法律、法规、政策的培训。三是要根据不同角色的实践需求，进行岗位技能培训。每一类型的角色所需要的角色技能都存在着一定的差异，同一类型的角色对所需技能的掌握程度也有所不同。因此，在进行内容设计时，要注重事前调研，掌握培训对象的需求，并让培训对象参与培训内容的设置。

（三）推动培训学习效果转化提高

要建立学习培训转化和追踪考察制度。对村级干部培训不能止步于课

堂教学，更重要的是要推动学习培训内容的实践转化。培训主体要建立推动学习转化的机制，村一级要创设培训学习的实践平台，培训主体要对培训转化效果进行追踪考察，总结经验，查找不足，了解村级领导班子培训的新需求，促进下一轮培训质量的提高。

三、完善领导班子管理机制

完善领导班子管理机制，主要是深化和细化“一定三有”制度，即：定职责规范，确保工作有合理待遇，干好有发展前途，退岗有一定保障。笔者通过对J县的调查，认为J县的做法值得借鉴。

(一)严格监督管理

(1)强化目标管理。推行村级领导班子任期目标和年度目标责任制、实绩公示制、公开承诺制等，用制度加强管理。村级党组织每年都要在广泛听取党员群众意见的基础上，制定年度工作目标，并将责任分解到每位班子成员，明确岗位职责。

(2)加强民主监督。健全村“两委”议事规则，规范村务公开、民主管理和民主决策程序，对涉及村集体和群众切身利益的重大事项，全面推行“四议两公开”制度。健全村务监督委员会运行机制，规范监督权限、内容和程序。加强农村集体“三资”管理，保障村集体经济组织资金、资产、资源保值增值。实行重点工作、重点项目专项考核，遏制违纪违规现象。

(3)严格考核追责。落实年度民主评议村级党组织领导及其成员制度，通过个人述职、群众评议、民主测评、座谈了解、情况反馈等环节，组织村党员干部群众对村级党组织领导班子及其成员的工作情况进行民主评议，并把评议结果与村级领导班子评先评优、年终绩效奖励相挂钩，进一步健全完善村级领导班子监督管理约束机制，乡镇党委对岗位目标任务完成情况差、带富能力不强、作风不好、群众反映强烈的村级党组织领导班子成员，要按照有关规定及时予以调整。

(二)落实待遇保障

(1)提高工作报酬，解决“干”有所得的问题。从2016年起，J县统筹省市转移支付、农村税费改革和村级运转资金，比照全县乡镇副职工资水平，按人年均39465元的标准提高村级党组织书记工作报酬，建立村级党组织书记工作报酬与副乡镇长工资同步调整机制，实现稳定增长，对其他班子成员按低于主职工作20%~30%的标准确定报酬。同时，科学确定报酬结构，实行村级领导班子成员与工作绩效挂钩，发挥报酬的激励作用。J县村级领导班子成员的工作报酬分为三个部分，即基本报酬、绩效报酬和奖励报酬。基本报酬按工作报酬总额的60%确定，由乡镇党委根据任期目标和年度目标责任，确定细化考核标准，由乡镇党委政府、村民代表、村级党组织三方进行考评定酬，最高绩效报酬与最低绩效报酬至少拉开30%的差距，真正体现“干多干少不一样”“干好干坏不一样”。奖励报酬主要用于发展壮大村级集体经济的激励。根据村集体经济发展的实际状况确定基数，根据增长比例确定奖励标准，由乡镇政府发放。

(2)落实养老保险，解决干部后顾之忧。将村主职干部的养老保险政策与城乡居民养老保险政策并轨，为达到任职年限的离任村级领导班子每年发放生活补助1000元，同时享受城乡居民社会养老保险政策规定的政府补贴。2018年J县按人均400元标准，投入122万元对全县在职村级领导班子成员购买了商业保险。

(3)体现人文关怀，增强组织归属感。建立定期走访和谈心谈话制度，每年“七一”“两节”期间，对生活困难的离任村级党组织领导班子成员进行走访慰问。通过开展结对帮扶、组织到示范基地和农业龙头企业参加现场观摩和交流、协调农商银行提供免息小额贷款等方式，为生活困难但有生产发展能力的村级领导班子成员提供技术、信息、资金等扶持，帮助发展经济项目，解决其生活困难。

（三）加强政治激励

注重通过合法的程序，推荐政治素质好、参政议政能力强的村级领导班子成员担任各级党代表、人大代表和政协委员，使村级党组织领导班子有更多的锻炼机会和施展才华的舞台。十八大以来，J县共有1335名村级党组织领导班子成员担任了乡镇及以上的党代表、人大代表、政协委员，其中1名村支部书记当选为全国人大代表，3名村支部书记当选为市党代表，6名村支部书记当选为市人大代表，62名村级党组织班子成员当选为县党代表，83名村级党组织班子成员当选为县人大代表，1名村级党组织班子成员当选为县政协委员，612名村级党组织领导班子成员当选为乡镇党代表，576名村级党组织领导班子成员当选为乡镇人大代表，1名支部书记当选为县委候补委员。每年组织一次村级领导班子评比，对优秀村级领导班子和优秀班子成员进行表彰，及时宣传报道其先进事迹，发挥先进村级党组织集体和优秀班子成员的示范带动作用，促进“创先争优、比学赶超”良好氛围的形成。

四、完善后备力量储备机制

改革开放以来，市场机制对人力资源配置的决定性作用日益凸显。由于农业的比较收益低，农村的生活条件相对较差，大批青壮年劳动力包括村庄各类精英流向城市，农村人口进入了“一个大流动的时代”。据《J县统计年鉴(2021)》记载的数据，2021年J县农村离乡从业人员达到34.39万人，占农村劳动力总数的47.86%，大大减少了村干部的来源，同时由于村干部待遇低，麻烦事多，又没有什么权力，因此愿意当村干部的人少之又少，村级后备干部队伍严重缺乏。采访中，一些乡镇干部都谈到，村级后备干部现在是“有库无人”，上面老在强调建立后备干部库，现在“库”的容量很大，但就是没有人入“库”。由于缺乏可供使用的后备力量，村级班子难以进行正常的吐故纳新、新陈代谢，班子生机活力受到一定程度的影响。大批精英人才外出，导致村级班子配备质量也难以保证，班子配备难以形成择优机制。要改变这种状况，必须完善后备干部储备机制。

（一）按角色需要不拘身份

可统筹考虑党员后备队伍和村级后备干部队伍建设。村级后备干部既可以从党员队伍中物色也可以从入党积极分子和其他非党员中物色，同时做到后备干部与入党积极分子培养并举，把入党积极分子中的合适人选作为后备干部培养，把后备干部中的非党员人员培养为入党积极分子。

（二）按角色标准物色人才

一是坚持按德才兼备的原则选人。对进入视野的对象，要用德才兼备的标准进行衡量，淘汰那些有才无德者。二是按角色胜任标准物色人。要树立人才观念，不拘一格，不看所谓“能人”“富人”的标签，也不局限于是在村党员还是流动党员，而应着重考量对象是否具有担任相应干部的现实才能或潜质。三是主动延揽优秀对象，变“等客上门”为主动出击，村级党组织要本着对事业负责的精神，主动联系物色合适对象，做好思想政治工作，取得对象的支持和认可。

（三）按角色要求培养人才

要建立村级党组织书记与培养对象结对培养的机制，发挥以“师”带“徒”的作用。要建立实践培养机制，通过让后备干部参与村级党组织的活动，逐步了解、熟悉、掌握“两委”的工作方式，工作流程以及对村干部角色的具体要求；可先让后备干部在村民兵连、妇代会、共青团等群团组织中任职，鼓励他们参加村民代表选举和村务监督委员会选举，还可以安排他们担任某项重点工作、难点工作的牵头人，通过多种渠道和方式，锻炼提高他们做农村工作的能力。

第三节　完善党内政治生态建设机制

党内政治生态就是政治生态在党内的呈现①，它是党的自身建设状况的重要表征，是党风的外在体现。

习近平指出："营造良好政治生态是一项长期任务，必须作为党的政治建设的基础性、经常性工作。"②党的十九届六中全会决议指出：只要我们不断清除一切损害党的先进性和纯洁性的因素，不断清除一切侵蚀党的健康肌体的病毒，就一定能够确保党不变质、不变色、不变味，确保党在新时代坚持和发展中国特色社会主义的历史进程中始终成为坚强领导核心③。在新时代背景下，村级党组织营造良好的党内政治生态环境，对于提高自身建设质量，具有十分重要的现实意义。

建设良好的党内政治生态是村级党组织重要的政治职责。村级党组织是中国共产党在农村的基层组织，村级党组织政治生态是作为整体的党内政治生态的基础性要素。村级党组织政治生态建设在党内政治生态建设中起着重要的基础性作用，按照党的组织原则，必须承担并履行好这一重要的政治责任。

村级党组织政治生态建设，影响党的执政基础。党内政治生态作为党风的体现，在农村通过村级党组织的政治生态反映出来，它不仅事关村级党组织在村庄的权威和地位，而且事关党的整体形象，直接影响着占中国

① 郎乘光. 试论净化党内政治生态及几个相关问题[J]. 中国延安干部学院学报，2016，9(6)：23.

② 中国中央党史和文献研究院. 习近平关于全面从严治党论述摘编[M]. 北京：中央文献出版社，2021：136.

③ 中共中央关于党的百年奋斗重大成就和历史经验的决议[N]. 人民日报，2021-11-17.

人口大多数的农村群众对党的认同，深刻影响党的执政基础。

村级党组织政治生态建设，影响村级党组织功能的发挥。村级党组织政治生态，影响和制约着村级党组织领导班子成员和党员的价值取向和实践行为，同时它又影响着民风。“政治生态好，人心就顺、正气就足；政治生态不好，就会人心涣散、弊病丛生。”①就村级党组织而言，政治生态建设从根本上决定着村级党组织自身建设状况，影响对群众的凝聚力、号召力、引领力，影响村级党组织功能发挥。

村级党组织政治生态建设，影响全面从严治党在村级落实的效果。加强政治生态建设，是推进全面从严治党向基层延伸、向纵深发展在村级落实的重要保证。习近平指出：“这些年来，在一些地方和单位，‘四风’问题越积越多，党内和社会上潜规则越来越盛行，政治生态和社会环境受到污染，根子就在从严治党没有做到位。有些地方和单位看起来党在管党治党，但没有管到位上，没有严到份上。”②抓好了党内政治生态，全面从严治党就有了重要基础③。从实践层面来看，党的十八大以来，通过推进全面从严治党，党内政治生态有了较大的改善，但党内生态环境就如同自然生态环境一样，一经污染，要恢复则非一日之功。从农村基层来看，村级党组织政治生态仍存在一些问题，必须予以清除。

建设村级党组织良好政治生态，必须把握党内政治生态建设规律，坚持问题导向，进行机制创新。党内政治生态建设是一个系统工程，根据党内政治生态的理论逻辑和村级政治生态的现状特点，其子系统主要由党性建设、党内政治生活、党内政治文化所构成。其中，党性建设是根本，

① 中共中央党史和文献研究院．习近平关于全面从严治党论述摘编[M]．北京：中央文献出版社，2021：105.

② 中共中央文献研究室．十八大以来重要文献选编(中)[M]．北京：中央文献出版社，2016：92-93.

③ 习近平．严肃党内政治生活　净化党内政治生态　为全面从严治党打下重要政治基础[N]．人民日报，2016-06-30.

“必须以党性修养为依托重构党内政治生态”①，没有坚强的党性作为保证，建设良好党内政治生态只能是一句空话。党内政治生活是建设良好党内政治生态的决定性因素，有什么样的政治生活就有什么样的党内政治生态。党内政治文化是党内政治生态的灵魂，引导着党内政治生态建设的方向，三者相互联系、相互促进，共同作用于党内政治生态建设的全过程。完善政治生态建设机制，重点是完善党性建设机制、党内政治生活质量保证机制、党内政治文化建设机制。

一、完善党性建设机制

党性是一个政党固有的本质属性，是阶级性的集中反映。“党性是立身、立业、立言、立德的基石。”②共产党员的党性，是共产党的世界观和基本的阶级立场、政治目标、政治路线以及党的纪律的集中体现，是党的先进性、纯洁性的集中体现③。在党性的内涵中内在地包括了对党员在建设政治生态方面的思想与行为要求。人们的行为根源于人的本性，人性决定需求，需求引发动机，动机激发行为。党员是党内政治生态建设的主体，党性建设是党内政治生态建设的根本，优化党内政治生态环境建设客观上要求以党性建设作为本源性建设。

加强党性建设是村级党组织政治生态建设的根本途径。党员是党组织的主体，党内政治生态建设归根结底要靠党员去行动、去落实，党内政治生态的状况也需要通过党员的党性体现出来，离开了党员党性建设，村级党组织内部政治生态建设就失去了根基。党性是良好政治生态建设的根

① 冯留建，张伟. 中共十八大以来净化政治生态的基本路径[J]. 中国高校社会科学，2017(4)：57.

② 中共中央党史和文献研究院. 习近平关于全面从严治党论述摘编[M]. 北京：中央文献出版社，2016：25.

③ 牛安生. 党性概念的传统内涵及现实思考[J]. 中国延安干部学院学报，2015，8(4)：104.

基。“有了坚强的党性，党员就会自觉地站在党的立场上思考问题，就会把党的宗旨作为自己的人生价值追求去自觉践行，就会把党的奋斗目标当作自己的奋斗目标来努力，就会把党内的规章制度当作自己的行为规范来遵守，就会把党的声誉、尊严、威望当作自己的声誉、尊严和威望来自觉捍卫。”①党性建设可以引导和促进积极健康的党内政治生活和党内政治文化的形成，没有坚强的党性作为基础，党内政治生活和党内政治文化就会失去支撑。

笔者在J县调查时发现，村级党组织党性建设存在着两种令人担忧的现象：一是农村少数党员存在党性弱化、淡化的现象。少数党员信仰缺失，思想不纯，精神不振，不能发挥先锋模范作用。有的党员道德修养差，唯利是图，与民争利，尤其是在落实党对农村的惠民政策方面假公济私、优亲厚友、虚报冒领的现象较为严重。有的党员角色意识淡薄，按一般村民的标准要求自己，先进性基本丧失，事实上还不如老百姓。有的对村级党组织和上级党委、政府安排的工作不支持、不参与，或者对党组织安排的工作，合意的就执行，不合意的就不执行。二是在党性建设中只注重党性教育，往往只是通过开会等方式对党员进行灌输式教育，而忽视了党性的内化与外化，事实上把党性建设变成了党性宣传，看起来是在进行党性建设，但事实上对党性建设没有管到位，没有管到根本上。

村级党员中客观存在的党性不纯的现象是影响村级党组织政治生态建设的重要原因。加强党员党性建设成为构建村级党组织良好政治生态，增强村级党组织创造力、凝聚力、战斗力的迫切需要。同时，党性建设的方式方法和实现途径也亟须创新，不能以单一的传统的宣传教育方式代替党性建设的全部。党性、党风作为一种信仰理想、价值追求和行为养成，很难通过外部输入的方式内化为个人的坚定信念。因此，必须根据党性建设规律，建立内化与外化相统一的机制。党性的内化包括党性教化、同化与

---

① 梁道刚. 关于党性及党性教育和党性修养的几个基本理论问题[J]. 岭南学刊，2015(2)：16.

融化三个过程。其中党性教化就是通过教育学习的方式，增进党员对党性内涵、要求及相关知识的了解。同化就是促进党员认同党性，在自己的认知结构中接纳党性。融化就是党员在自己的人性结构中融入党性，使党性成为自己人性结构的主导部分。外化就是党员在社会实践中自觉按照党性要求去做。人性具有动态性、复杂性的特点，党性建设不可能一蹴而就，每个党员都要主动接受党内、党外对自己党性的评价，从而做出相应的调整和完善，进一步提高和增强自己的党性，党性建设的过程和效果也需要通过党员和群众的评价、检验来不断改进，这就需要建立党性建设的反馈机制。因此，党性建设必须根据马克思主义认识论的基本原理，在对党员人性结构充分把握的基础上，按照党性建设的客观规律，构建党性建设的系统性机制，包括：党性内化机制、党性外化机制、党性建设反馈调节机制。

(一)准确把握党员个性

人性假设是社会科学各学科体系的方法论基石，任何一门社会科学皆以特定学科领域范畴中特定行为主体的人性假设作为研究前提①。准确把握人性特点是一切以人作为对象的管理的前提和基础。共产党员作为一个一般社会个体，他具有人的共性，是自然存在物与社会存在物的统一，因而具有自然属性和社会属性。党员个体作为政党组织的成员，它又具有属于自己的特殊性——共产党员的党性，党性是把作为党员个体和社会个体区别开来的本质特征，党性是共产党员的本质属性。总体上看，共产党员是一个具有多重属性的复杂人，其人性结构具有以下特点：

(1)多重性。共产党员作为个体的人，首先是自然界的一部分，“人直接地是自然存在物”②。因此，自然属性是其与生俱来的基本属性，而这种

① 汪波. 政治学基本人性假设的再探讨——论”政治理性人”的基本逻辑[J]. 浙江社会科学，2007(6)：52.

② 马克思恩格斯文集(第1卷)[M]. 北京：人民出版社，2009：209.

自然属性内隐着难以改变的生物性和自然性，“人来源于动物界这一事实已经决定人永远不能完全摆脱兽性，所以问题永远只能在于摆脱得多些或少些，在于兽性或人性的程度上的差异”①，人同时又是“一切社会关系的总和”②，就其作为普通人的社会属性来说，其人性交织着善恶、美丑、积极与消极。而共产党员的特性——党性，则是“共产主义道德的最高表现，就是无产阶级政党原则性的最高表现，就是无产阶级意识纯洁的最高表现”③，共产党员的人性是自然属性、社会属性、党性三者的多元统一体。

(2)层次性。共产党员的人性是作为社会的个体所拥有的人之共性与作为党员的个体的特性——党性的统一。自然属性、社会属性、党性构成党员的人性结构，其中自然属性处于较低层次，社会属性处于中间层次，党性居于最高层次。先进性是党性的本质也是党性的具体体现，是人性中最优秀的部分，是对社会个体的人之共性的升华。

(3)动态性。“人的本质是人的真正的社会联系”④，而社会关系是随着人类社会的不断发展而动态发展的，在推动社会发展的过程中，人的个性也会发生相应的变化。“人类的历史就是人性发展过程”⑤，总之人性不是静止不变的，而是动态发展的。

(4)可塑性。人的本质是社会环境影响和个人自觉行动共同作用的结果，而非天生具有、一成不变的。作为主体性的人，他并非只能被动接受所处社会环境的形塑，他还有着自我选择的空间，这就为人性的塑造提供了可能。作为社会个体的人的共性，夹杂着善恶、美丑。虽然人性的变化在客观要求和发展的总体趋势上是向上向善的，但是具体到某一个个体来说，何种人性居于主导地位，并不一定和这种总体趋势相契合，他自己的

① 马克思恩格斯文集(第9卷)[M]. 北京：人民出版社，2009：106.

② 马克思恩格斯文集(第1卷)[M]. 北京：人民出版社，2009：501.

③ 刘少奇选集(上卷)[M]. 北京：人民出版社，1981：131.

④ 马克思恩格斯全集(第42卷)[M]. 北京：人民出版社，1979：24.

⑤ [法]雷蒙·阿隆. 社会学主要思潮[M]. 葛智强，胡秉诚，王沪宁，译. 北京：华夏出版社，2000：53.

选择才是最关键的因素。因此，人性塑造既存在可能又是必需的。

通过对人性特点的分析，我们可以看出作为社会个体的自然属性和社会属性是复杂多样的，而共产党员的党性则是以纯洁性和先进性为其根本特征的。共产党员的党性居于其人性结构的最高位置，但是受一定社会环境和党员个体选择的影响，党性并不必然发生统摄作用。某一时间在某一事件上，某个党员他作为社会个体的人性——自然属性和社会属性中的某种特性，会占据上风，处于优势地位，削弱或消解了党性，使党员退化成一个党性较弱或者没有党性的普通社会个体甚至成为一个扭曲的人。人性的动态性特征表明，人性是动态变化的，有的党员长期处于自然属性、社会属性、党性的相互博弈之中，处于人性摆动的状态。

综上，党性的复杂性和动态性启示我们，要保持共产党员的纯洁性和先进性，一刻也不能放松党性建设。党性的可塑性表明加强党性建设不仅是必要的也是可能的。党性的层次性告诉我们，必须通过党性建设，使党性成为党员的优势人性，在党员的人性结构中占据优势地位，发挥统摄作用。

（二）构建党性内化机制

加里培林认为，心智活动是一个从外部的物质活动向内部的心理活动的转化过程，实际上就是一种内化的过程。党性内化就是党员从认知党性到认同党性再到融化党性的过程。

(1)构建党性教化机制。党性教化就是党性教育主体将党性教育内容传递给教育客体的过程。通过教化机制对党员开展党性学习教育活动，是促进党员党性认知的基础和前提。据笔者在J县的调查，少数村级党组织在党性建设方面还存在一些问题。村级党组织教育活动现行的主要方式是读报纸、念文件或收看远程教育的相关内容，单调枯燥，很难调动党员的学习积极性，也很难使党性教育入脑入心。同时，部分农村党员由于年纪大、文化程度低，如果党性教育只是照本宣科式地讲读，他们很难真正理解，因此有的党员不愿参加学习。有的党员角色意识淡薄，认为党性教育脱离实际，过于崇高不想参加学习，如此等等，反映在党性学习教育的实践中，一是少数村级党组织平时开展的党性学习教育次数较少，二是参加学习的党员所占比例较低，三是学习效果不明显。因此，必须从以下几个方面构建党性教化机制：第一，建立约束机制。明确接受党性教育是党章规定的党员的基本义务和政治责任，是党内政治生活的重点内容之一，党员必须无条件参加，对不积极参加学习教育活动的党员，要采取批评教育的方式督促改正，并将党员参加学习教育活动的表现纳入党员星级评定的考核内容。第二，建立"典型带动"机制。通过在党员中开展比学习态度、比学习效果活动，评比"学习标兵"，以评比激发党员的学习活力，以"学习标兵"的典型示范作用带动党员的学习。第三，改进教育方式。要结合农村党员文化水平低的特点选择适宜的教育方法和手段，挑选文化理论水平相对较高的党员或者向外延请老师对党员进行党性教育辅导，用农村党员听得懂的话语来启发党员进行党性认知。要开展互动式学习，通过党员之间、党员与受教育者之间的学习讨论活动，分享学习心得，解除学习疑惑，激发学习热情。要建立集体学习与个人学习相结合的方式，把组织党员集体学习与督促党员个人自学结合起来，引导党员"养成多读书、读好书的习惯，使读书学习成为改造思想，加强修养的重要途径"①。

(2)构建党性同化机制。党性同化即增强党员对党性的认同，使党性成为党员认知结构的一部分。所谓认同，就是一种接纳、认可的心理机制和情感倾向。根据农村党员的特点，村级党组织可以通过以下途径实现党员党性认同：一是围绕社会热点开展讨论辨析，增强党员的党性认同。比如对当前的腐败现象和身边的腐败问题进行讨论辨析，对党性弱化导致党员队伍建设和村庄发展的负面事件进行分析，增强党员对党性修养重要性的认识。二是通过对当前一般人性中暴露出的弱点与优秀党员的党性表现

① 习近平. 之江新语[M]. 杭州：浙江人民出版社，2007：175.

出来的崇高性进行对比，增强党员对党性的接纳和认可。三是通过良好的舆论环境增强党性认同。上级党组织要充分利用自身优势，利用各种宣传传媒，增强对党性教育和优秀党员典型的宣传，村级党组织要通过开展各种评比活动，评选出党员群众公认的身边典型，进行大张旗鼓的宣传，实行党性认同的正面强化。

(3)建立党性融化机制。党性融化指党性不仅成为党员人性认知结构中的一部分，为党员接受和吸纳，而且要使党性成为个体人性改善的重要动力，在与一般人性融为一体的过程中改变党员原有的人性结构，使党性居于主导地位，当作为一个社会个体的人性与党性发生冲突时，个体会主动按照党性要求来指导和规范自己的行为。要通过党员角色管理机制的作用增强党员的角色意识，促进党性融化，使党员时刻认识到自己是党的人，组织的人，党员身份是第一身份，拥有坚强的党性是一个党员必须具备的基本条件，从而形成党员的党性需要，自觉实行党性与一般人性的融合。要引导党员进行党性分析，通过分析解剖自身党性方面存在的不足，自觉加以改进，增强党性对其作为社会个体人性的统摄力。要引导党员加强党性修养。党性的教化、认同与融化是一个完整的内化过程，其落脚点就在于增强党员自身修养的全面性。习近平曾对党性修养提出了明确要求，村级党组织要引导党员按照这一要求，不断从理论、政治、道德、纪律、作风等方面，全面加强自身修养，不断提高党性水平。

(三)构建党性外化机制

实践和认识、知与行相统一是马克思主义哲学的一个基本原则。生活、实践的观点应该是认识论首要的和基本的观点。党性建设的目的一方面是要保持共产党员的先进性和纯洁性，另一方面是要通过实践使党员的先进性和纯洁性充分展现出来，发挥党员的先锋模范作用，这也是党性建设的根本价值所在。马克思曾经说过：“哲学家们只是用不同的方式解释世界，而问题在于改变世界。”①因此村级党组织要组织党员通过岗位履职、创先争优，参加村庄经济、政治、社会、文化、生态文明建设和党的建设，建立党员联系群众、服务群众制度的落实机制，组织党员参加志愿者服务和各种公益活动等，在实践中锻炼、增强并展现党员的党性，真正使党员在日常工作中能够看得出来，在关键时刻能够站得出来，在危急时刻能够冲得出去。

(四)构建反馈调节机制

党性建设是一个动态的过程，一次的教化——同化——融化过程的完成并不意味着党性建设的结束。党性建设是一个连续的、不间断的、螺旋上升式的没有止境的过程。党性建设还要通过教育主体、教育客体以及社会对党性建设各个过程以及总体成效的评价来查找、分析党性建设中的薄弱环节，从而加以改进。为此，一是要构建党性教化过程的评价反馈机制。教育主体要和受教育者实行良性互动，即村庄党员要主动向村级党组织反馈在党性教育方面存在的不足和其他需要改进之处，同时村级党组织也要在主动搜集党员反映的同时，通过加强对党员学习行为与实践效果的跟踪考察来发现问题、掌握信息。二是要建立党性转化过程的评价反馈机制，即同化与融化过程的评价反馈机制。村级党组织要组织党员对照党性要求开展党性分析，及时了解党员党性的转化情况，对党员予以激励或提醒。三是要建立党员外化评价反馈机制。要根据党员的实际表现组织开展党员自评、党员互评、领导班子成员点评等方式，对党员的党性进行评议，同时，还要建立群众评价机制，以“群众标准”来衡量党员的党性高低。四是要建立村级党组织和党员的党性建设反馈调节机制。评价、反馈的目的是为了对党性建设进行改进，对有利于提高党性建设质量的行为予以强化，对党性建设中存在的问题采取措施予以修正，因此，反馈调节机

① 马克思恩格斯选集(第1卷)[M]. 北京：人民出版社，2012：140.

制必不可少。

二、完善党内政治生活质量保证机制

严肃党内政治生活是我们党的鲜明特征和政治优势。邓小平曾经指出："我们还有一个传统，就是有一套健全的党的生活制度。"①严肃的党内政治生活具有播撒崇高理想种子、激扬艰苦奋斗精神、消除错误思想、弘扬优良作风、增强组织力量的功能②，是构建良好党内政治生态的重要途径和坚强保证。党内政治生活状况形塑和决定着党内政治生态状况。"有什么样的党内政治生活就有什么样的党员、干部作风。"③习近平指出："严肃党内政治生活、净化党内政治生态是伟大斗争、伟大工程的题中应有之义，是我们党坚持党的性质和宗旨的重要法宝，是我们党实现自我净化、自我完善、自我革新、自我提高的重要途径。抓住了这个点，我们党就能更好凝心聚魂，强身健体。"④此后，他又多次强调，要加强和规范党内政治生活，增强党内政治生活的政治性、时代性、原则性、战斗性，全面净化党内政治生态，此要求凸显了党的政治生活对于构建良好党内政治生态的地位、作用和重要意义。

从农村基层的现实实践来看，党的十八大以来，全面从严治党的推进明显改善了村级党组织党内政治生活和政治生态的状况，但解决党内政治生活和政治生态中出现的问题绝非一朝一夕之功。笔者在J县调查时发现，少数村级党组织仍然存在政治生态环境不良的问题，一个重要原因就在于这部分村级党组织开展党内政治生活不主动、不固定，没有形成制度化、

---

① 邓小平文选(第1卷)[M]. 北京：人民出版社，1994：300.

② 刘云山. 努力营造良好政治生态[J]. 实践(思想理论版)，2015(5)：7.

③ 习近平. 在党的群众路线教育实践活动总结大会上的讲话[N]. 人民日报，2014-10-14.

④ 习近平在中共中央政治局第三十三次集体学习时强调：严肃党内政治生活 净化党内政治生态 为全面从严治党打下重要政治基础[N]. 人民日报，2016-06-30.

规范化的机制。有时开展党内政治生活，也大多是迫于上级压力，为完成任务而完成任务，流于形式，随意性、平淡性、庸俗化、娱乐化、形式化现象比较突出。少数党员角色意识缺失，党的政治生活意识淡化。在J县调查时，有的村支部书记对笔者说：有的党员不给报酬(如发烟、吃饭、发纪念品等)就不参加党组织活动。由于长期缺乏严格的党内生活，致使少数村级党组织政治生态恶化、政治文化低俗，党组织软弱涣散。

严肃党内生活、净化党内政治生态不仅是村级党组织必须承担的政治责任，也是充分发挥自身功能，完成新时代党在农村各项工作目标和任务，实现好、维护好、发展好广大农民群众利益的重要保证。净化党内政治生态以严格党内政治生活为前提、为基础，而严格党内政治生活，关键是要完善党的组织生活机制，构建严格执行民主集中制的保障机制，建立批评与自我批评的制度化、常态化机制，使三者紧密相连，相互促进，形成整体合力，共同作用于村级党组织政治生态建设。

(一)完善村级党组织的组织生活机制

(1)发挥村级党组织的主体能动性。十九大以来，党中央加一步加强了对农村基层党组织党内组织生活的制度设计，党章及《中国共产党农村基层组织工作条例》《中国共产党支部工作条例(试行)》对此均做出了严格、明确而具体的规定。但制度需要落地，村级党组织和党员作为党的组织生活的主体，必须充分发挥主观能动性。村级党组织要充分认识到党的组织生活是对党员进行教育引导、管理约束、行为监督的重要载体，是营造健康党内政治文化的重要平台，是增强组织创造力、凝聚力和战斗力的可靠保证。应使党员认识到积极参加党的组织生活是党章所规定的党员义务，是加强自身修养、提高自身素质的重要途径。

(2)规范村级党组织生活。重点是按照党章及《中国共产党农村基层组织工作条例》《中国共产党支部工作条例(试行)》的要求，保证村级党组织组织生活的制度化、规范化、实效化，坚决反对和杜绝各种形式主义。

(3)加强督促指导。一是实行上级党组织派人参加下一级党组织的组织生活制度。乡镇党委每个班子成员要带头联系一个村参加村级党组织生活。二是充分发挥村“第一书记”作用。村“第一书记”不仅要积极参与，而且必须对村级党组织生活担负起指导、监督之职。三是县乡组织部门要采取随机抽查、暗访等形式加强监督、检查。四是建立村级党组织生活开展情况的追责问责机制。要把开展党的组织生活的要求纳入党建工作责任制，强化工作责任，完善对党的组织生活开展情况的考核评价和结果运用。对党组织生活开展好的要进行表彰激励，对党组织生活开展差的要对村级党组织书记、“第一书记”严肃问责、追责，包括采取一定的组织手段和纪律措施。

(二)建立民主集中制的保障机制

1. 要强化民主集中制的制度意识

民主集中制是我们党的根本组织原则和组织制度。严格执行民主集中制是全面从严治党的基本要求，是影响党内政治生活正常开展和良好政治文化生成的重要因素。营造良好党内政治生态，必须坚持民主集中制。党的十九大把坚持民主集中制作为党的建设的五项基本要求之一。习近平指出：严肃党内政治生活最根本的是认真执行民主集中制，着力解决发扬民主不够、正确集中不够、开展批评不够等问题。

发展党内民主，是中国政治体制改革和政治文明建设的重要内容①。在新时代不断加强党的建设的背景下，多数村级党组织都能在党内生活中贯彻执行民主集中制，农村党员的民主意识也得到进一步增强。然而由于我们国家成立时间不长，加之农村党员受文化知识水平的制约，官本位、家长制在少数党员的思想中仍然存在一定市场，以致民主氛围受到影响。

---

① 王智. 当代中国政治结构变迁：以执政党为中心的政党—政府—社会[M]. 北京：中国社会科学出版社，2010：241.

心理学研究表明：人们的行为都是受思想支配的。对党员进行民主意识的培养是执行民主集中制的重要基础。毛泽东早就指出："必须在党内施行有关民主生活的教育，使党员懂得什么是民主生活，什么是民主制和集中制的关系，并如何实行民主集中制。这样才能做到：一方面，确实扩大党内的民主生活，另一方面，不至于走到极端民主化，走到破坏纪律的自由放任主义。"①因此，必须对村级党组织党员及领导班子成员进行民主集中制教育，强化民主集中制的制度意识，使他们充分认识坚持和健全民主集中制的重要意义、基本要求、基本方法，增强执行民主集中制的政治自觉。

2. 完善党员权利保障与实现机制

党员是党内生活的主体，所有党员一律平等地参与党内事务，是党章赋予党员的权利，是民主集中制的基本要求，也是党内民主的要旨和构建党内良好政治生态的基础和前提。义务和权利是一对范畴的两个方面，如果只讲义务而忽视权利，必然影响党员积极性的发挥。党章及《中国共产党党员权利保障条例》对党员权利及其保障都做出了规定，但要落实这些规定，必须构建相应的机制予以保证。

要加强对党员权利及其实现与保障的相关知识学习。村级党组织要组织党员认真学习党章和《中国共产党党员权利保障条例》，通过学习，让其知晓权利，懂得运用和保障各项权利。村级党组织书记尤其要带头学深悟透，精准把握。

要完善党务公开机制，保障党员知情权的行使和实现。党务公开，就是根据党章和其他党内法规和制度的规定，除依法依纪应当保密的重大事项外，应将党组织的决策、决议和党员关注的重大事项和热点问题，通过一定的程序和方式，在适当的范围内予以公开。党务公开是保障党员全面行使权利的基础，各级党组织都很重视，农村党员也很关注。但少数村级党组织进行党务公开，只是迫于各种压力，内生动力不足，形式主义严重，党务公开质量不高。在公开的内容上，搞选择性公开。在公开的形式

① 毛泽东选集(第2卷)[M]. 北京：人民出版社，1991：529.

上，局限于在村务公开栏中一并公示。在公开的时间上，不能做到及时公开。为此，必须完善党务公开机制，在公开内容上实现按需公开，在不违反保密规定的情况下，按照上级要求和党员实际需要，能公开的尽量公开；在公开形式上要采取党务公开栏、微信、网络、会议通报、个别沟通等多种公开方式；在公开时间上，建立固定时间与即时公开相结合的制度，在每月选定一个时间进行公开的同时，对一些紧急事项和突发情况及其他来不及在固定时间公开的事项进行即时公开。

建立党员参与党内事务，发挥党员主体作用的机制。应保障党员民主选举、民主决策、民主管理、民主监督的权利得到充分实现。如在入党积极分子、预备党员对象的确定或预备党员转正、村级领导班子选举中建立党员票决制，建立党员提案制、重要事项党员大会审核制、支部工作以及支部决议向党员大会报告制、村内各项建设事业党员参与制等。

要建立侵害党员民主权利的惩处机制。有研究者指出：虽然《中国共产党章程》和《中国共产党党员权利保障条例》都强调对侵犯党员权利要进行惩处，但依照现行规定对这些侵犯行为进行惩处的职能机构是党的各级纪律监察委员会，在村一级没有设置这样的机构，“这样，靠基层党组织保障党员权利，就很难实现了”①。为此，必须明确由乡镇纪律监察委员会负责查处村级党员民主权利受到侵犯的问题。要发挥党员的监督作用，党员对村级党组织及其负责人有损党员权利的行为可以向村级党组织负责人提出严肃的批评，也可向上级党组织反映，上级党组织要认真对待党员反映的问题，做出实事求是的处理并将处理情况回复党员。

3. 构建民主集中制运行机制

在村级党组织执行民主集中制的实践中，少数村级党组织和党员认为民主集中制就是由“民主”和“集中”两个过程组成的，就是先“民主”后“集中”，把民主和集中割裂开来，往往产生“一把手”在从民主到集中过程中

① 王同昌. 新时期农村基层党组织建设研究[M]. 合肥：合肥工业大学出版社，2015：122.

的主观随意和独断专行①。党章明确指出：民主集中制是民主基础上的集中和集中指导下的民主相结合②。根据这一论断，民主集中制的运行实质上是一个民主——集中——民主的连续性、动态性、整体性的政治过程，是党的群众路线在党内民主中的运用。“坚持民主集中制”实质上就是同时坚持党的组织路线和群众路线③。民主就是“一切从群众中来”，是党员意见和需求的表达。集中就是决策，就是将分散的零乱的意见经过汇集、综合，“集中起来”，转换成决策方案。这一转换是由党组织而非个人完成的，是经过集体领导与个人分工相结合的领导机制来完成的，是集体决策而不是“书记决策”。转换过程完成后，党组织要将方案向党员公布并推动执行，这就是“到群众中去”，这事实上也是一个发扬民主、搜集党员意见的过程。由此观之，要严格执行民主集中制，必须用系统思想来看待这一政治过程，构建民主集中制运行机制。

第一，建立党员需求表达机制，畅通党员需求表达渠道。要通过建立党支部成员联系党员制度、党员恳谈会制度、党员需求搜集制度、党员向党组织汇报工作和思想制度、党员提案制度等，为党员表达自己的需求提供多样化、便捷性的通道。

第二，建立民主决策机制。要建立村级党组织权力科学配置机制，按照集体领导和分工负责相结合的原则，对班子成员进行合理分工，对村级党组织负责人和其他班子成员的职责、权限进行明确界定，制定并细化村级党组织集体决策规则。在村级党组织进行决策时，实行人人发言、一人一票、实名表决。坚持书记最后发言、最后表态的制度。要制定和执行会议记录实名签字制度，由每名村级党组织领导班子成员对自己决策过程中的发言及表决情况实名签字，予以确认。

第三，建立审议决策方案制度。村级党组织的领导机关是村党员大

① 任中平. 民主集中制运行的现实困境与对策[J]. 理论视野，2016(3)：50-51.

② 十九大党章修正案学习问答[M]. 北京：党建读物出版社，2017：11.

③ 冯务中. “党的建设基本要求”的演变过程与实践意蕴[J]. 科学社会主义，2020(3)：72.

会。决策形成后，村级党组织要召开党员大会向党员报告决策事由、决策过程、决策依据、决策结果，提请党员大会进行审议。审议中如果没有取得超过半数的党员同意，需要搜集、综合反对意见，进行再次决策。

第四，建立监督检查机制。再好的制度也不能寄望于主体完全自觉自愿地执行，必须建立相关的约束机制，以保障制度的落实。一是要制定村级党组织执行民主集中制的质量标准体系、程序规范体系、目标考核体系，使宏观的制度具体化，具备可操作性。二是建立乡镇党委对村级党组织执行民主集中制的经常性指导和检查制度。民主集中制贵在落实，重在抓常、抓细、抓长。上级党组织要通过常、细、长的措施推动村级党组织实现民主集中制的规范化、制度化、常态化。三是建立党员监督制度。鼓励党员对村级党组织执行民主集中制的情况建言献策，批评监督。四是加大对违反民主集中制人员的追责问责力度。

（三）改进批评与自我批评机制

马克思主义认识论告诉我们，主观与客观的矛盾是一种经常性的存在，正确认识的形成要经过实践——认识——实践的反复循环过程。任何人在工作中都难免有缺点和错误，批评与自我批评可以帮助我们纠正缺点、改正错误。从内因与外因关系的视角来看，批评是揭露矛盾，帮助他人认识缺点和错误，促使其改正的外因，自我批评是一种自我反省、自我革命和自我提高，是自己揭露矛盾并使矛盾转化的内因。两者是一个互为条件、相互促进、紧密联系的统一体。批评与自我批评具有评价、认知，防错、纠错，教育、激励，促进团结的功能。毛泽东曾经说过："对于我们，经常地检讨工作，在检讨中推广民主作风，不惧怕批评和自我批评……正是抵抗各种政治灰尘和政治微生物侵蚀我们同志的思想和我们党的肌体的唯一有效的方法。"①党的"七大"党章首次提出："中国共产党应

① 毛泽东选集(第3卷)[M]. 北京：人民出版社，1991：1096.

该用批评和自我批评的方法，经常检讨自己工作中的缺点和错误。”党的十八大以来，中国共产党更加注重运用这一有效武器祛病强身、激浊扬清。党的十八届六中全会制定的《关于新形势下党内政治生活的若干准则》指出：“批评和自我批评是我们党强身治病、保持肌体健康的锐利武器，也是加强和规范党内政治生活的重要手段。”①党的十九大进一步强调要坚持开展批评和自我批评，党的十九届六中全会决议指出：党的伟大不在于不犯错误，而在于从不讳疾忌医，积极开展批评和自我批评，敢于直面问题，勇于自我革命②。在村级党内政治生活的实践中，批评和自我批评作为武器的运用总体情况是好的，但自我批评难，相互批评更难，仍是一个普遍性问题。少数村级党组织甚至将批评与自我批评这把“刀子”束之高阁。因此，必须在继承优良传统的基础上进行批评与自我批评的机制创新与完善。

1. 增强角色意识，克服消极心理

根据笔者对J县村级党组织的调查，部分党员和村级党组织负责人主要存在老好人心理，崇尚“多栽花少栽刺”“多一事不如少一事”的思想，有的认为批评与自我批评已经不合时宜。其根本原因在于党员角色意识缺失、党性缺乏。社会学理论认为，人的行为在很大程度上取决于对自我的认识。正是因为党员角色意识的缺失，才使得其忘记了角色规范和社会期待，忘记了开展批评与自我批评是党章对党员的基本要求。党章第一章第三条第六款规定，党员有“切实开展批评和自我批评，勇于揭露和纠正违反党的原则的言行和工作中的缺点、错误，坚决同消极腐败现象作斗争”③的义务，同时，也有“在党的会议上有根据地批评党的任何组织和任何党员”的权利。因此村级党组织必须坚持问题导向，增强党员的角色意识，组织党员以坚强的党性来查找问题、分析原因，开展严肃的批评与自我批

① 关于新形势下党内政治生活的若干准则[N]. 人民日报，2016-11-03.

② 中共中央关于党的百年奋斗重大成就和历史经验的决议[N]. 人民日报，2021-11-17.

③ 十九大党章修正案学习问答[M]. 北京：党建读物出版社，2017：14.

评，克服一切消极心理，避免空谈清议、无的放矢，真正达到扯袖、咬耳、红脸、出汗的效果。

2. 建立领导班子示范机制

村级党组织开展批评与自我批评是否严肃认真，能否收到实效，领导班子及其成员的示范作用十分重要，特别是领导班子成员的自我批评是否真实深刻，接受批评是否虚心、诚恳，批评他人是否客观、真诚，都对村级党组织开展批评与自我批评产生示范效应。上级党组织要建立对村级领导班子开展批评与自我批评的评价、监督机制，促进村级党组织开展批评和自我批评良好氛围的形成。

3. 建立常态化、制度化机制

习近平指出："要让批评和自我批评成为党内生活的常态，成为每个党员干部的必修课。"①要保持批评和自我批评的常态化，必须建立制度化机制。村级党组织要利用每月一次的党日活动，在思想汇报、工作交流、党员互评、领导点评中开展批评和自我批评。要建立村级领导班子民主生活会制度。民主生活会一般是指以党员领导干部为对象，旨在开展批评与自我批评的组织活动制度。目前，只在县级以上层面建立了党员领导干部民主生活会制度。作为践行党内民主的重要平台和党内政治生活中的一种有效形式，民主生活会应该延伸至村级党组织自身建设中。要落实和完善谈心谈话制度，谈心谈话是一种有效的沟通形式，从某种程度上而言，谈心谈话制度的落实，更有利于党组织领导班子成员之间、领导班子成员与党员之间坦诚相待、赤诚相见，能够提高批评与自我批评的质量。"党组织领导班子成员之间、班子成员和党员之间、党员和党员之间要开展经常性谈心谈话"②，这是《关于新形势下党内政治生活的若干准则》提出的要求，但由于缺乏相应的保障制度，这项制度的落实还存在一些问题，应制定相应的落实措施和办法，使之具有可操作性。如笔者调查的J县，

① 习近平在第十八届中央纪律检查委员会第六次全体会议上的讲话[M]. 北京：人民出版社，2016：27.

② 关于新形势下党内政治生活的若干准则[N]. 人民日报，2016-11-03.

大多数村级党组织在办公场所设立了“党员谈心室”，有的村级党组织在每月的“党日活动”中专门安排了党员谈心谈话的内容，但在落实上显得不够。

三、完善党内政治文化建设机制

党内政治文化是政党在党内提倡并施行的价值理念体系以及党内成员在其政治活动中形成的普遍性的价值理念和价值取向①。马克思主义辩证唯物法告诉我们：社会存在决定社会意识，社会意识具有反作用。毛泽东指出：“一定的文化(当作观念形态的文化)是一定社会的政治和经济的反映，又给予伟大影响和作用于一定社会的政治和经济。”②作为思想意识层面的党内政治文化，具有凝聚党内价值共识、维系党内正常关系、约束党员政治行为、规范党内正常生活、引领社会政治文化的功能，是党内政治生态的内生性、主导性和保障性因素。“党内政治生活、政治生态、政治文化是相辅相成的。政治文化是政治生活的灵魂，对政治生态具有潜移默化的作用。”③在党的十八届六中全会上，习近平首次明确提出要加强党内政治文化建设的思想，党的十九大将“发展积极健康的党内政治文化”写入党章。由于受社会环境变化以及自身建设弱化等影响，少数村级党组织在政治文化建设中受宗族文化、江湖文化、庸懒散文化、自由主义、拜金主义等封建文化和资产阶级思想文化的影响比较严重，党内政治文化建设亟待加强。习近平指出，要建设充分体现中国共产党党性的政治文化。党的十九大报告强调要“弘扬忠诚老实，公道正派，实事求是，清正廉洁等价值观”，其为村级党组织政治文化建设指明了方向。完善村级党组织政治文化建设机制，就是要以习近平新时代中国特色社会主义思想为指导，以

① 吴桂韩. 中国共产党党内文化基本内涵探析[J]. 理论研究. 2009(4)：19.

② 毛泽东选集(第2卷)[M]. 北京：人民出版社，1991：663-664.

③ 李庚香. 发展积极健康的党内政治文化，全面净化党内政治生态——学习党的十九大报告体会之一[J]. 领导科学，2017(31)：5.

党章为根本遵循，按照党的十九大精神的要求，坚持问题导向，着力建设以忠诚、干净、担当为鲜明特色的政治文化。

忠诚、干净、担当作为一种党内政治文化，是一个相互影响、相互促进、紧密联系的统一体。忠诚，就是忠诚于人民、忠诚于党、忠诚于党的事业。习近平总书记指出："对党忠诚，是共产党人首要的政治品质。"①"党内所有的政治问题，归根到底就是对党是否忠诚。"②忠诚既是党员个体同时也是村级党组织的行为准则，是衡量村级党组织政治文化党性强弱的尺度，是干净、担当的基础和前提。干净，就是清正廉洁，一尘不染。干净是保持忠诚品格的必然要求，是担当的必要条件。担当是共产党人党性的体现。每一位先进分子自加入中国共产党开始，便有了"共产党员"这一政治身份，伴随这一政治身份而来的，有加入党组织的光荣与自豪，亦有不同于普通民众的使命与担当③。担当就是要积极干事创业，勇于作为，善于作为，善作善成。忠诚干净担当贯穿于党的政治建设、思想建设、组织建设、作风建设、纪律建设、制度建设和反腐败斗争的方方面面，统一于村级党组织建设的全过程，是村级党组织政治文化的内核。

(一)加强角色主体意识教育，建设对党忠诚的政治文化

党员是村级党组织政治文化建设的主体。党内政治文化最直接和直观的体现就是党员个体身上所表现出来的政治文化④。村级党组织要充分发挥党员角色管理机制的作用，加强角色教育，引导党员增强角色意识。角色意识，就是角色扮演者对自己的角色地位、角色职责、角色规范、社会

---

① 中共中央党史和文献研究院. 习近平关于全面从严治党论述摘编[M]. 北京：中央文献出版社，2021：156.

② 习近平谈治国理政(第三卷). 北京：外文出版社，2020：505.

③ 崔欣玉. 市场经济条件下奉献的困境探析——关于保持共产党党员初心与使命的思考[J]. 毛泽东邓小平理论研究，2021(8)：45.

④ 史成虎. "三元主体"结构视角下党内政治文化的功能分析[J]. 社会主义研究，2021(3)：108.

期待的清晰认识和把握。引导村庄党员增强角色意识要做到：第一，教育党员把握党员角色的政治属性，把对党忠诚体现到自己的政治站位上。作为党的人、组织的人，应自觉以习近平新时代中国特色社会主义思想武装头脑，坚定道路自信、理论自信、制度自信、文化自信，牢固树立政治意识、大局意识、核心意识、看齐意识，自觉做到“两个维护”，认真学习、积极宣传，带头执行党的路线、方针、政策，自觉践行为人民服务的宗旨。第二，引导党员找准角色定位。村庄党员是一个多重属性人，也是一个集多种角色于一体的角色丛，要教育他们“牢记自己的第一身份是共产党员，第一职责是为党工作……时刻想到自己是党的人，是组织的一员，时刻不忘自己应尽的义务和责任”①，把对党忠诚体现在自己的党性修养上，以党性统领人性，确立自己的角色地位顺序，使党员角色成为主导角色。第三，引导党员加强对党章、党内法规、党的优良传统和惯例的学习，把对党忠诚体现在符合党员角色规范和角色期待的行动上。

（二）加强作风和反腐倡廉建设，建设风清气正的政治文化

作风和反腐倡廉建设问题是关系到党的生死存亡的大问题。检验一个党组织政治生态是否良好，作风和反腐倡廉建设状况是最直接的标准。习近平指出：“反对腐败、建设廉洁政治，保持党的肌体健康，始终是我们党一贯坚持的鲜明政治立场。党风廉政建设，是广大干部群众始终关注的重大政治问题。”②村级党组织处在农村最前沿，作风建设和廉政状况老百姓最易于了解，也看得最清楚，直接影响村庄群众对党组织的认同与支持，是影响村级党组织创造力、凝聚力、战斗力和功能发挥的最现实的因素。加强作风和反腐倡廉建设，重点要做好以下三点：

① 中共中央文献研究室. 十八大以来重要文献选编(上)[M]. 北京：中央文献出版社，2014：767.

② 中共中央文献研究室. 十八大以来重要文献选编(上)[M]. 北京：中央文献出版社，2014：81.

1. 构建立体化监督机制

第一，建立党员履职尽责全过程的监督机制。孟德斯鸠指出："握有权力的人容易滥用权力，直到遇到某种外在的限制为止。"①阿克顿也认为："权力导致腐败，绝对权力导致绝对腐败。"②要通过全程监督，抑制作风和腐败问题产生的动机，堵塞漏洞，减少搞腐败的机会。在向党员下达工作任务时，要进行不良作风和腐败问题风险评估，寻找风险节点，建立防控预案。在党员履职尽责过程中村级党组织要根据防控预案，采取有针对性的跟进措施，通过过程监督机制防控作风和腐败问题的产生。一项工作结束后，要进行作风建设和反腐倡廉监督质量审计，查找问题，积累经验，不断提高监督能力。

第二，建立多渠道监督机制。从总体上看，一个党员生活在家庭、组织和社会之中，要扎紧作风和反腐倡廉建设的笼子，必须构建家庭、组织、社会协同配合、整体发力的全方位和多渠道的监督机制。家庭是党员展现真实自我的空间，是角色扮演的后台。由于农村党员生产、生活的特殊性，他们与家庭成员的关系更为紧密，其思想言行的变化最易为家庭成员所了解，通过家庭成员的监督，可有效防控农村党员的作风和腐败问题。每个党员也生活在组织体系内，要建立乡镇党委对村级党组织负责人的监督机制，同时也要加强村级党组织的党内监督力度。党员是村级党组织的主体，村级党组织是党员发挥作用的载体，是党员角色扮演的前台，同时也是剧本作者和导演，对党员进行教育管理监督，规范党员的言行，可以有效防控党员作风和廉洁问题的产生。要建立村级党组织负责人对其他班子成员及党员的监督机制，明确"第一书记"对村级党组织负责人和党员的监督责任，发挥党员与领导班子成员、党员与党员之间相互监督的作用。要强化社会监督，群众的眼睛是雪亮的，村庄是一个熟人社会，农村

① ［法］孟德斯鸠. 论法的精神（上）［M］. 张雁声，译. 北京：商务印书馆，1982：154.

② ［英］达尔伯格·阿克顿. 自由与权力［M］. 侯健，范亚峰，译. 南京：译林出版社，2011：294.

党员生活在其中，其言行都能为村庄群众所观察和了解，因此，要发动和鼓励群众对党员进行监督。

第三，建立常态化长效化监督机制。作风和腐败问题具有复杂性、顽固性的特点，决定了村级党组织作风和反腐倡廉建设的艰巨性、长期性，因此村级党组织作风和反腐倡廉建设一刻也不能松懈，要建立抓常、抓长、抓细、抓深、抓实的机制。依靠制度建设实现常态化，通过抓制度落实保证常态化的成效。

2. 完善作风和反腐倡廉建设责任制

第一，要强化乡、村两级党组织的主体责任。明确乡、村两级党组织都是责任主体，乡、村两级党组织负责人都要负主要责任。考虑到村级党组织的特殊性和机构设置的现状，要明确乡镇纪委是村级党组织作风和反腐倡廉建设的监督主体，乡镇纪委书记负监督责任。

第二，要完善村级党组织反腐倡廉建设的体制。现在村一级设置的村务监督委员会，只有对村务进行监督的功能，对村级党组织进行党内监督的组织设置缺失。笔者认为：考虑到村一级的实际，应设立村综合监察委员会，将村务监督委员会的职能纳入其中，村综合监察委员会担负村级党组织反腐倡廉建设的直接责任，综合监察委员会主任负直接监督责任，从而织密作风和反腐倡廉建设的组织网络，实行党务、政务、村务的全面监督。

第三，要层层签订反腐倡廉和作风建设责任书，乡镇党委与村级党组织、党委书记与村级党组织书记、村级党组织与党员都要签订责任书，列出责任清单，把责任细化和落实到村级党组织的每一位成员，形成整体效应。

3. 建立教育惩处机制

对存在作风问题的党员要进行批评教育，帮助其提高。对连续三年在作风和反腐倡廉责任制考评中被评为不合格的要劝其退党，属于村级党组织领导班子成员的，要免去其职务。对腐化堕落分子，要按照党内法规予以严肃查处，触犯法律的，要依法严惩。对村级党组织作风和反腐倡廉建设不力的要实行“双问责”，即既要对村级党组织问责，也要对乡镇党委问责；既要追究乡镇党委书记、纪委书记的责任，又要追究村级党组织书记、分管责任人的责任。

（三）营造良好干事创业环境，建设勇于担当的政治文化

“党的建设历来是为党的中心工作服务的”①，“人民对美好生活的向往，就是我们的奋斗目标”②。新形势需要新担当、呼唤新作为，村级党组织功能要通过党员干事创业才能得以发挥，勇于担当、善于担当是干事创业的重要基础和动力保障。习近平总书记指出：“干事担事，是干部的职责所在，也是价值所在。”③村级党组织要建立勇于担当的政治文化，重点要做好以下几点：

（1）建立激励引导机制。村级党组织书记和其他班子成员要带头示范，引领全体党员敢于担当、善于担当。把干事创业的实绩作为党员星级评定的依据，对优秀党员予以表彰，推荐其作为“两代表一委员”人选，进行精神和政治激励。对党员予以人文关怀、帮扶解困、进行情感激励。同时对不敢于担当，做“老好人”，不完成党组织的工作、不履行自己岗位职责的党员要予以批评教育。对屡教不改的，要依照有关规定进行惩处。

（2）建立容错纠错机制。从现实实践来看，现有法律法规及政策规定并不能涵盖全部的工作，有的规定比较模糊，有的已经明显滞后于时代发展，致使一些党员干部在干事创业中有时陷入“无制度可依”“有制度难依”的困境。同时，工作创新也意味着制度创新，难免和旧制度相抵牾。有的党员干部担心自己违纪违规而无所适从，选择回避矛盾，碰到问题不担当、绕道走，干事创业无激情。有的村级党组织和部分党员、群众，求全责备，干事越多的党员往往受的批评越多，以致“干的不如站的，站的不

① 习近平．做焦裕禄式的县委书记[M]．北京：中央文献出版社，2015：52.

② 习近平谈治国理政[M]．北京：外文出版社，2014：424.

③ 习近平谈治国理政(第四卷)[M]．北京：外文出版社，2022：529.

如看的，看的不如不干的，不干的不如批评人的”①。部分村级党组织及其负责人明哲保身，对党员在干事创业中出现的非主观愿望的失误或创新过程中的失败不能理直气壮、主持公道予以保护。有的纪检监察干部不深入调查研究，不深入剖析这些失误和失败的深层次原因，进行科学合理定性，而是采取一概而论，一棍子打死的做法，未能形成监督执纪的正确导向，使一些干部噤若寒蝉、谨小慎微。这些都严重削弱了党员敢于担当、干事创业的积极性、主动性，影响了工作的开展和事业发展。因此，应当建立容错纠错机制，按照习近平总书记提出的“三个区分开来”的标准，对党员干部的行为进行认真负责的甄别，并反馈甄别结果，对非主观故意的失误、失败予以澄清，对干事创业者予以激励、支持和保护，并帮助党员干部改进工作。对人为性的错误，要严格执纪执法，予以查处。要在政治上关心激励那些勇于担当、善于作为的党员干部，包括那些敢于担当、出现失误的干部，营造敢于担当、乐于担当、善于担当、奋勇争先的干事创业氛围，“对干部担当作为可能出现的错误情况，进行适当包容和合理纠偏，让干部消除思想顾虑”②。要加强对不作为、不敢作为、懒作为党员干部的批评教育与转化，对恶意举报、中伤干事创业者的要依法依规予以坚决查处。

(3)建立能力素质提升机制，增强党员干事创业的本领。农村党员普遍存在文化水平较低、能力素质不全面的问题，因此要发挥党员角色培训机制的作用，根据党员角色扮演的需要进行针对性培训，使党员既敢于担当，又善于担当，充分发挥先锋模范作用。

(四)加强纪律和制度建设，为营造优良政治文化提供保障

党的十九大报告首次把纪律建设列入党的建设总体布局，提出要把制

① 在J县调查采访时记录的村支书原话。

② 张忠军. 让担当者敢于担当的制度思考[J]. 理论视野，2017(11)：20.

度建设贯穿于党的建设的总体布局，突出了纪律、制度建设的重要地位和作用。所谓制度，是指“一系列被制定出来的规则、守法秩序和行为道德、伦理规范，它旨在约束主体福利或效应最大化利益的个人行为”①。制度建设具有全局性、根本性、长期性、稳定性的特点，制度治党是我们党对自身建设正反两方面经验教训的深刻总结，也是新时代的要求②，制度治党与思想建党相结合，成为全面从严治党，加强党的自身建设的根本保证。习近平总书记指出：“从严治党，靠教育，也靠制度。”③纪律，是指政党、机关团体为了维护集体利益并保证工作的正常进行而制定的要求每个成员遵守的规章、条文。中国共产党的纪律要素包括党章、党的纪律、国家法律和党在长期实践中形成的优良传统与工作惯例。纪律是最微观、最明确、最具体的规定，是执行制度的重要保障和党的力量的来源。马克思、恩格斯曾经告诫：“我们现在必须绝对保持党的纪律，否则将一事无成。”④习近平强调：“如果不严明党的纪律，党的凝聚力和战斗力就会大大削弱，党的领导能力和执政能力就会大大削弱。”⑤

纪律和制度为党员言行提供尺度、边界和底线，是构建良好党内政治生态的关键，村级党组织政治文化建设也必须通过发挥纪律和制度作用引导和约束党员的思想行为而得以实现。要发挥纪律和制度的作用，为村级党组织政治文化建设提供坚强有力的保障，要做好以下几点：

(1)加强纪律和制度教育。党员通过纪律和制度的学习，知道什么事可为或不可为，以及违反纪律、制度要求的后果和危害，从内心确立党的制度是不可逾越的规范，党的纪律是带电的高压线，从而强化纪律、制度意识。要增强党员角色意识教育，使党员认识到纪严于法，按照纪律和制

① [美]诺斯. 经济史中的结构变迁[M]. 上海：上海三联书店，1994：225-226.

② 虞云耀. 按规律办事，抓住管党治党关键[J]. 求是，2015(12)：10-11.

③ 习近平在党的群众路线教育实践活动总结大会上的讲话[N]. 人民日报，2014-10-19.

④ 马克思恩格斯全集(第29卷)[M]. 北京：人民出版社，1972：413.

⑤ 中共中央文献研究室. 十八大以来重要文献选编(上)[M]. 北京：中央文献出版社，2014：131.

度办事是对每个党员的更高要求，是每个党员先进性的表现，也是每个党员必须具备的政治品质和应有的组织观念，消除人情、面子、潜规则等消极因素对遵章守纪的干扰。

(2)依法依规完善制度。内容不完备、体系不完善是影响制度效能和制度执行的重要因素之一。习近平在“不忘初心、牢记使命”主题教育总结大会上指出：“建章立制，要坚持系统思维、辩证思维、底线思维，体现指导性、针对性、操作性。”①村级党组织数量庞大，情况复杂，各有特点，村级党组织要织密、扎紧制度和纪律的笼子，用制度管人管事，既要以党章党纪党内法规和国家法律为根本遵循，又要结合村级实际，坚持问题导向，改善制度环境。对上级已有的制度和纪律进行细化，制定村级党组织的具体制度和纪律，对上级暂未出台的制度和纪律，要根据实践需要，进行制度创新，不留空当。对一时难以形成制度、纪律规范的，可以提出党员负面言行提醒清单。J县有的村级党组织建立了党员言行负面清单提醒机制，运行效果很好，特别受那些文化程度较低的党员干部欢迎。

(3)严格执行制度和纪律。“要增强制度执行力，制度执行到人到事，要用制度管权管事管人。”②要坚持把纪律和规矩挺在前面，综合运用执纪执法的四种形态，保证制度和纪律的严格执行，对不按制度办事、违纪违规的情节轻微者予以批评教育，帮助其转化提高，对情节严重或虽然情节轻微但属于屡教不改的，要坚决予以查处。要坚持执行制度和纪律的公平性、公正性、严肃性，在制度和纪律面前，人人平等，没有例外，不搞特殊，形成制度与纪律的权威性和震慑力。要抓好示范带动，要通过村级党组织书记及其他村级党组织班子成员遵章守纪的模范行为，示范带动党员群体，要通过大力表彰普通党员中的遵章守纪典型，用先进带动中间，促动后进，形成良好的遵章守纪环境。要严格责任追究，强化一岗双责，一

① 中共中央党史和文献研究院. 习近平关于全面从严治党论述摘编[M]. 北京：中央文献出版社，2021：453.

② 历史使命越光荣，奋斗目标越宏伟，越要增强忧患意识，越要从严治党[N]. 人民日报，2014-10-09.

案双查。对出现违反制度和纪律问题的，不仅要追究当事人的责任，还要追究村级党组织负责人的主要责任和分管负责人的分管责任。对违背制度和纪律的村级党组织占乡镇村级党组织总数比例较大的，或乡镇党组织未能及时发现村级党组织长期存在的较严重问题的，对乡镇党委书记、乡镇纪委书记既要在纪律上给予严肃处理，又要采取免职、降职、降级、调岗等组织措施，强化乡镇党委的责任意识和责任担当。

第四章　优化村级党组织环境建设机制

组织系统理论认为：任何组织都处于一个环境超系统的分系统之中，其目标的实现受整个环境超系统的制约。组织与其所处的特定环境之间是一种相互依赖的关系，它们时刻进行着物质、能量、信息交换①。在帕尼比昂科看来，“某些环境需要适应，某些环境可考虑控制”②。组织与环境相适应，首先表现为组织必须随环境的变化而变化，以保持两者之间的动态平衡。同时组织必须对环境中的某些因素加以控制，表明组织不是简单或被动地适应环境，而是根据自身的需要对环境进行改变和优化。

“社会不是坚实的结晶体，而是一个能够变化并且经常处于变化过程中的有机体。”③村级党组织是一个开放系统，其所处环境对于村级党组织具有渗透性。改革开放以来，农村发生了巨大变化，这种变化渗透到村级党组织内部并产生了深刻的影响，一方面为村级党组织自身建设提供了新的资源，为其功能发挥提供了前所未有的机遇和条件。另一方面也对村级党组织生存发展和功能发挥带来了严峻的挑战。部分村级党组织权威下

① ［美］理查德·斯科特，杰拉尔德·F. 戴维斯. 组织理论：理性、自然与开放系统的视角［M］. 高俊山，译. 北京：中国人民大学出版社，2011：231.

② ［意］安格鲁·帕尼比昂科. 政党：组织与权力［M］. 周建勇，译. 上海：上海人民出版社，2013：233.

③ 马克思恩格斯文集(第5卷)［M］. 北京：人民出版社，2009：10-11.

降，处于"边缘化"状态，有的党组织处于"空转""停转"甚至"反转"之中，出现不同程度的"功能障碍"，其中最主要的原因是部分村级党组织不能适应环境的新变化，未能与环境实现良性互动。党的十八大以来，中央对村级党建工作更加重视，推进全面从严治党向基层延伸的力度不断加大，取得了较为明显的成效。但是，要彻底改变部分村级党组织存在的"软弱涣散"、战斗力不强、功能发挥不充分的状况，村级党组织必须在加强自身建设的同时，积极应对动态复杂的环境，创新环境优化机制，抑制消极影响，利用积极因素，为村级党组织功能的发挥创设有利条件。

达芙特①、卡斯特②、格里芬③等将组织外部环境划分为一般环境和任务环境，村级党组织外部环境也可以采用这种分类方法。其中一般环境"是组织外部构成其总体条件的一系列广泛的作用因素"④，主要包括经济、政治、社会、文化等因素，任务环境是对组织有影响的具体的外部组织或群体。对村级党组织而言，其任务环境主要包括上级党组织、村庄群众、村庄场域除村级党组织之外的所有正式和非正式组织。组织外部环境并不只是通过单个的因素对依存于它的组织发生影响，而是由一系列因素相互交织、相互渗透形成一种整体性的力量来共同发挥作用。创新村级党组织环境优化机制，必须从总体上考虑，既要优化一般环境，同时也要优化任务环境。根据现有研究及笔者对J县的调查，从问题导向出发，优化村级党组织环境建设机制的重点是：优化思想文化环境建设机制、优化党群互动机制、优化上级党和政府的制度支持机制。

---

① [美]理查德·L. 达芙特. 组织理论与设计(第10版)[M]. 王凤彬，张秀萍，等，译. 北京：清华大学出版社，2011：231.

② [美]氟莱蒙特·F. 卡斯特. 组织管理：系统方法和权变方法(第4版)[M]. 傅严，等，译. 北京：中国社会科学出版社，2000：101.

③ [美]里奇·格里芬. 管理学(第8版)[M]. 孙健敏，等，译. 北京：中国市场出版社，2006：71.

④ [美]里奇·格里芬. 管理学(第8版)[M]. 孙健敏，等，译. 北京：中国市场出版社，2006：72.

第一节　优化思想文化环境建设机制

思想是行动的先导，思想文化的影响力是巨大而深远的。与外显文化、制度文化相比，思想文化居于文化结构的核心①，以观念的形态存在，“指一个社会中的价值观、态度、信念取向以及人们普遍持有的见解”②。它引导、规定、制约着人们的思想行为。不同的思想文化熏陶，会造就不同的政治人格，同一个人先后置身于不同的思想文化氛围和条件之中，会产生不同的政治态度。作为一种“软性同化式权力”，思想文化环境是组织生存、发展和功能发挥的重要外部环境之一。“统一思想是形成统一行动的前提，统一行动是形成社会合力、达到共同目标的前提。”③任何组织都必须高度重视思想文化环境建设。从政党政治的角度而言，一切政党组织要达成自己的目标，都必须用反映本政党利益要求的思想文化来凝聚共识，促成统一行动。新时代中国特色社会主义是在中国共产党领导下，以广大党员和人民群众为主体，凝聚全社会力量而进行的伟大事业。进行伟大斗争、建设伟大工程、推进伟大事业、实现伟大梦想，必须运用社会主义主流思想文化对分散的、多样的思想文化进行整合，加强和巩固社会主义主流思想文化对广大党员、群众及其他社会力量的影响，并使之内化为广大党员、群众及其他社会力量自己的思想意识，形成巨大的精神力量。村级党组织作为中国共产党组织体系在农村的基层组织，要完成党、国家和人民群众所赋予的历史使命，必须用社会主义主流思想文化教育引领农村党员、群众和其他社会力量，为村级党组织功能发挥构建良好的思想文化基础。

思想文化环境是一个复杂动态的大系统。为了更加明晰村级党组织思

① 卢盛忠. 管理心理学(第四版)[M]. 杭州：浙江教育出版社，2013：510-511.

② 亨廷顿. 文化的重要作用[M]. 北京：新华出版社，2010：35.

③ 骆郁廷. 论精神动力的整合[J]. 武汉大学学报(人文科学版)，2004，57(1)：6.

想文化环境与其他场域思想文化环境的关系，本书将思想文化环境分成两个部分，一曰“大环境”，指存在于村庄场域之外的思想文化环境；二曰“小环境”，指存在于村庄场域的思想文化环境。“大环境”与“小环境”之间相互渗透，相互影响。大环境形塑小环境的结构和方向，小环境也能对大环境做出能动的反应。大环境与小环境之间相互作用，共同构成村级党组织思想文化的特殊环境。

改革开放以来，政治、经济、社会、文化等方面发生的巨大而深刻的变化，使主流思想文化的地位和影响力有所削弱。对于村庄场域而言，受思想文化多元化、多样性的影响，村级党组织功能发挥面临严峻挑战。因此，优化思想文化环境建设机制，抑制或消除思想文化环境中对村级党组织建设及其功能发挥的消极影响，利用其中的积极影响，用社会主义主流思想文化引领广大党员群众的思想文化意识，形成思想共识，加强统一行动，成为村级党组织功能发挥的必备前提和内在要求。

就村级党组织在中国共产党组织体系中所处的位置、自身功能和其资源禀赋而言，村级党组织并非主流思想文化的生产者，其改变社会思想文化大环境的能力极其有限，因此，要营造良好的村级党组织思想文化环境，首先必须依靠村级党组织层次以上的各级党组织发挥主导作用，营造良好的思想文化建设大环境，以“大环境”形塑和支撑“小环境”建设。同时，村级党组织也要主动作为，积极借助“大环境”的力量，利用一切村庄资源，结合村庄特点，建设以社会主义核心价值体系为主导的村庄思想文化环境。

一、优化思想文化“大环境”建设机制

（一）明确思想文化建设的基本要求

社会主义核心价值体系是当代中国社会主义思想文化的最重要的组成部分，是社会主义意识形态的本质体现。当前，加强社会主义思想文化建

设主要是加强社会主义核心价值体系建设。

社会主义核心价值体系建设这一重大命题在2006年10月召开的中共十六届六中全会上首次得以提出。在党的十九大报告中，习近平再次强调：必须坚持马克思主义，牢固树立共产主义远大理想和中国特色社会主义共同理想，培育和践行社会主义核心价值观，不断增强意识形态领域主导权和话语权，推动中华优秀传统文化创造性转化，创新性发展，继承革命文化，发展社会主义先进文化，不忘本来，吸收外来，面向未来，更好构筑中国精神、中国价值、中国力量，为人民提供精神指引。这既是新时代加强社会主义核心价值体系建设的基本方略，也是新时代中国特色社会主义思想文化建设的基本要求、基本任务、基本方向和根本遵循。各级党组织要把思想文化建设当做重要的政治责任，强化思想文化建设的责任意识和政治担当，以习近平新时代中国特色社会主义思想为根本遵循，把思想文化建设当做“极其重要的工作”，加强对思想文化建设的领导，建立和完善思想文化建设的领导体制机制，构建和落实思想文化建设的责任落实机制，明确各级党组织加强思想文化建设的主体责任，明确各级党组织负责人及分管领导的直接责任和分管责任，加大检查考核、追责问责力度，加强各级党组织对思想文化建设的领导。

（二）筑牢思想文化建设阵地

社会主义思想文化建设本质上是一个政治社会化的过程。因此，要使社会主义思想文化占据主导地位，必须充分利用社会化媒介，筑牢社会主义思想文化建设阵地。“意识形态领域，社会主义思想不去占领，资本主义思想就必然去占领。”①在《比较政治学》一书中，阿尔蒙德和鲍威尔列举了十多种社会化媒体，根据中国的具体国情，笔者认为，如果从思想文化

① 中共中央文献研究会. 江泽民论有中国特色社会主义（专题摘编）[M]. 北京：中央文献出版社，2002：407.

的传播和演化途径来划分，思想文化社会化媒介主要分为三类：①全民教育媒介；②科层制媒介；③大众传播媒介。这也是社会主义思想文化建设的基本载体和主要阵地。

(1)筑牢社会主义思想文化建设的全民教育阵地。“全民教育”是联合国教科文组织在 1990 年提出的概念，其内涵主要是指对社会全体民众进行的教育。全民教育是对全体国民进行社会主义核心价值体系教育的重要途径，因此，要推进社会主义核心价值体系进机关、进农村、进部队、进企事业单位、进学校、进家庭，增强社会主义核心价值体系对全体国民的教化和引导作用。

(2)建好社会主义思想文化建设的科层制阵地。科层制阵地在社会主义思想文化建设中具有特别重要的地位，一方面作为党和国家意识形态机器的各级宣传、思想、文化、教育、新闻出版机构是主流思想文化的主要生产者和转化者，是党的思想文化建设的重要工具，必须充分发挥这些机构在社会主义思想文化建设中的引领作用和导向作用。另一方面，实践表明，即使在信息技术高度发达的今天，通过党的组织体系自上而下地进行思想文化传播仍然是一种具有较强生命力的形态，党的各级基层组织在自身接受上级党组织所传递的思想文化信息的同时，也会发挥自身的功能，将这些信息传递到民众中去，这种传播对民众产生的影响作用有可能更大。因此，必须建强党的各级组织，使之在思想文化建设中充分发挥作用。

(3)牢牢掌握大众传播的管理权。媒介即信息，大众传媒是社会舆论和思想文化的重要传播载体，在思想文化建设中起着非常重要的作用。卢梭曾经说过：“在全世界一切民族中，决定人民爱憎取舍的绝不是天性而是舆论。”赫伯特·海曼也认为：“大众传播工具能够产生巨大的和统一化的影响。”①张昆认为：“信息传播乃是政治社会得以形成的前提，它不仅

① ［美］赫伯特·海曼. 大众交流和政治社会化［M］//卢西恩·W. 派伊. 交流的政治发展. 普斯林顿：普斯林顿大学出版社，1963：271.

为政治过程提供了不可缺少的信息资源，形塑着人们的政治意识，调节着人们的政治行为，而且媒介系统本身就是政治系统的重要组成部分。”①因此，必须加强对大众传媒的领导，要坚持党管宣传，党管意识形态，党管媒体，在方向性、根本性、全局性的问题上牢牢把握主动权和话语权。要用社会主义核心价值体系武装、占领大众传媒阵地，特别要加强对互联网的管理。当今世界，互联网已成为人们日常生活的重要工具，对社会政治经济文化生活产生着日益重要的影响。“互联网已经成为思想政治工作一个新的重要阵地”②，同时也是社会主义思想文化与资本主义思想文化斗争的一个重要场域。“谁掌握了信息，控制了网络，谁就拥有整个世界。”③以美国为代表的西方国家，利用其网络技术霸主的优势，把网络作为向中国输出思想文化的主要载体之一，对社会主义思想文化建设构成极大挑战。要依法依规建立互联网综合治理体系，培养壮大用习近平新时代中国特色社会主义思想武装起来的网络建设人才和网络宣传队伍，加大互联网核心技术的开发与应用，开展网络思想政治教育，增强思想政治教育的有效性，充分发挥互联网在社会主义思想文化传播中的重要作用④。

(三)加强思想文化宣传教育的内容供给

社会主义思想文化作为观念形态的文化，只有通过宣传教育的方式，才能使社会成员内化于心、外化于行，实现“由精神变物质”的飞跃。从思想文化建设的基本规律而言，思想文化建设的内容供给是一种先在性存

① 张昆. 媒介发展与政治文明[J]. 新闻大学，2006(3)：12.

② 江泽民文选(第3卷)[M]. 北京：人民出版社，2006：94.

③ [美]阿尔温·托夫勒，海蒂·托夫勒. 创造一个新的文明——第三次浪潮的政治[M]. 陈峰，译. 上海：上海三联书店，1996：31.

④ 卢岚，徐志远，曾蔚. 网络思想政治教育：思想政治教育学的重要范畴[J]. 学术论坛，2006(10)：180.

在，没有思想文化建设的内容，思想文化宣传教育就会陷入“无所依”“无所指”的境地而变成空谈。加强思想文化宣传教育的内容供给，是思想文化建设的首要任务。

(1)坚持思想文化建设内容的社会主义方向。提供什么样的思想文化宣传教育内容，事关思想文化建设的全局和根本，直接影响到思想文化建设的效果。党管宣传、党管意识形态、党管媒体必须体现在对思想文化内容方向性的把握上。要引领党的思想文化、教育等意识形态机构和思想文化理论工作者、教育工作者，提供以马克思主义为统领的思想文化宣传教育内容，各级党组织和各类思想文化宣传教育和传播机构，必须以中华优秀传统文化、革命文化和社会主义先进文化作为宣传教育的主要内容，形成思想文化宣传教育媒介在内容供给方向上的一致性。要通过把握思想文化建设的话语权，用社会主义思想文化武装全体党员的头脑，引领社会成员的思想观念和行为。阿尔蒙德认为：“如果公民从各种不同的社会化机构里得到的是同样的信息，那么他们的态度极有可能按照某一特定方式形成。”①M. 肯特・詹宁斯和理查德・尼米也指出：主要媒介之间的一致性是成功社会化的首选因素②。

(2)充分开发和利用社会主义思想文化资源。社会主义思想文化资源是社会主义思想文化宣传教育的源头活水，社会主义思想文化宣传教育内容则是对各种思想文化资源开发利用、加工转化的成果。相对于思想文化宣传教育的内容供给而言，思想文化宣传教育资源又是一种先在性存在。因此，要满足社会主义思想文化宣传教育内容供给的需求，其根本途径就是加大对中华优秀传统文化、革命文化和社会主义先进文化的宣传解读和转化，把丰富的思想文化资源转化为丰富的思想文化教育内容，没有这种转化，思想文化资源就会被束之高阁，社会主义思想文化宣传教育就难以

① ［美］加布里埃尔・A. 阿尔蒙德，宾厄姆・鲍威尔. 比较政治学、体系、过程和政策［M］. 曹沛霖，等，译. 上海：上海译文出版社，1987：93.

② 楚成亚，徐艳玲. 变迁、分化与整合：当代中国政治文化实证研究［M］. 济南：山东大学出版社，2010：9.

大众化、普及化。

(3)突出内容供给的针对性和有效性。心理学研究表明：不是所有被感知的信息都能顺利进入注意环节，只有小部分被意识注意，进入到意识层面，大多数进入到前意识或更深层次的潜意识层面①。思想文化内容作为刺激物，要形成人们的注意，与人本身的需要、兴趣、情感情绪、个人的期待等状态密切相关②。因此，要使思想文化宣传教育收到良好效果，必须根据受众的心理特点，构建思想文化宣传教育内容供给的有效性机制。要坚持问题导向，贴近受众的思想和生活实际，对人民群众关心的热点、难点、焦点问题以及思想上需要弄明白的其他问题进行积极响应，做出透彻回答，特别是要使思想教育与群众的利益结合起来，使教育的内容易于被他们接受。要体现层次特点，思想文化内容供给必须充分考虑受众的文化知识水平、工作和生活的经历、经验、年龄等因素，根据不同层次提供相应的思想文化内容，不能一味追求高大上。特别是针对农村受众文化水平普遍不高的特点，要使供给的内容更加具象化、通俗化、大众化，把“最高限度的马克思主义”转化为“最高限度的通俗化”。要实现载体的多样化，要根据受众的不同需要，充分考虑受众的认知偏好，选择多样化的内容载体，既可以是理论文章、理论教材、理论专著，也可以是通俗化的辅导资料，还可以通过文学艺术的形式加以表现，要通过多样化的载体，把社会主义思想文化的内容渗透到生活的方方面面。要针对农村党员群众的实际，采用农民喜闻乐见的形式实现思想文化内容的传播、转化，增强思想文化内容供给的有效性。

(四)积极开展思想文化领域的斗争

马克思主义基本原理告诉我们，在阶级社会，社会思想文化具有鲜明

① 谭丙华，柯文进. 思想政治教育接受的运行分析[J]. 思想教育研究，2015(4)：14.

② 梁宁建. 心理学导论[M]. 上海：上海教育出版社，2011：239.

的阶级性。马克思、恩格斯曾经指出："统治阶级的思想在每一时代都是占统治地位的思想。"①社会主义思想文化发展史也是一部与各种非社会主义思想文化的斗争史。从历史与现实的角度来考察，改变一个国家的社会政治制度，往往都是从改变一个国家的思想文化开始的，苏联和东欧剧变给社会主义运动留下了代价沉重的前车之鉴。以美国为首的西方资本主义阵营从来没有放弃"反华""反共产主义"的图谋，他们通过各种途径，采用各种手段对我国进行思想文化渗透，国内各种反党反社会主义的势力也与之积极呼应，大肆宣传西方思想文化。改革开放以来，由于我们在一段时间内放松了思想文化管理，思想文化环境一度极为混乱。自由主义、历史虚无主义、普世价值观、物质主义等甚嚣尘上，形成了有一定影响力的"社会思潮"，对马克思主义的一元指导地位形成了严重冲击。逐利性市场文化的泛滥和新媒体的迅速崛起以及管控乏力，导致腐朽没落文化、封建糟粕沉渣泛起，死灰复燃，资产阶级思想文化的大肆入侵使社会主义思想文化建设面临极大挑战，人们在意识形态认识方面呈现出去意识形态化的趋势②。思想文化领域斗争的激烈性、复杂性、长期性依然存在。因此，必须旗帜鲜明地开展思想文化领域的斗争，对一切反党反社会主义的言论进行坚决有力的回击，对资产阶级思想文化、腐朽没落文化、封建糟粕予以坚决抵制，切实保证社会主义思想文化的主导地位，弘扬主旋律，传递正能量，为全社会营造清朗的思想文化大环境。

二、优化思想文化"小环境"建设机制

（一）建立思想文化建设领导机制

掌握思想领导是掌握一切领导的前提。在农村，要明确村级党组织的

① 马克思恩格斯文集(第1卷)[M]. 北京：人民出版社，2009：550.

② 杨嵘均，吴悠. 论网络虚拟公共领域去意识形态化的风险及其调适[J]. 毛泽东邓小平理论研究，2020(5)：8.

主体责任、党组织书记的领导责任、领导班子成员(不仅仅是分管成员)的直接责任，把思想文化建设、精神文明建设和村级党组织自身建设有机结合起来，使思想文化建设贯彻其中。此外，要教育、动员和组织农村党员在思想文化建设中发挥先锋模范作用。

(二)建立思想文化建设教育实践机制

首先要用马克思主义基本理论和马克思主义中国化的最新理论成果武装党员，教育群众，特别是要用习近平新时代中国特色社会主义思想引领农村党员、群众的思想行为，统摄村庄的思想文化方向。要建立科学有效的思想文化教育解读机制，针对农村党员群众文化水平普遍较低、相互联系比较松散、农村文化氛围具有一定特殊性的特点，把习近平新时代中国特色社会主义思想的理想成果转化为常识性的语言，使之通俗化、大众化、具象化，真正能为农村党员和群众所理解和掌握，并自觉地外化为自己的行为。村级党组织要充分利用领导核心优势，积极发挥主体作用，通过召开会议、专家授课等形式，对群众进行面对面的宣传解读，也可以民间文化艺术形式为载体进行文化演绎来宣传解读。同时，要开展丰富多彩的实践活动，如开展思想文化建设知识竞赛，评比学习标兵，把思想文化建设的内容纳入党员、农户星级评定、道德楷模评选等活动中，同时将实践活动的成果进行转化，利用“典型政治”①的影响力加强对村庄思想文化建设的引领。要建立一定的制度保障机制，重点是建立财政投入制度，农民教育水平、科学技术素质、身心健康提升制度，农村思想文化生活状况监测制度等②。

① 钟贤哲. “典型政治”：国家治理的逻辑[J]. 武汉理工大学学报(社会科学版)，2012，25(5)：747.

② 王盛开. 农村改革三十年：政策取向与利益诉求——改革开放以来中国共产党农村政策的历史考察与反思[M]. 北京：中国社会科学出版社，2008：199-200.

（三）建立同不良思想文化作斗争的机制

要强化阵地意识，加强农村文化公共空间建设，积极构建群众开展思想交流和文化活动的平台，用主流思想文化占领农村阵地。要充分发挥老党员、老干部及村庄其他精英的作用，建立反黄赌毒、反封建迷信、反大操大办的自愿性群众组织，对村庄不良思想文化行为进行阻止和批评。从实践来看，J县多数村级党组织都动员社会力量成立了老干部老党员协会、红白喜事理事会、妇女禁赌协会，对净化社会文化环境发挥了很好作用。要发挥党纪、法律和村规民约的引导和规制作用，对不良思想文化行为进行惩处，对反党、反社会主义、反主流思想的别有用心者进行坚决打击。要加强对党员群众的道德教育和风尚引领，持续组织科学文化知识教育和培训活动。笔者在调查中了解到：J县县乡两级党委政府每年都组织若干次送文化下乡、科技下乡、卫生下乡、法律下乡等活动，一些部门也主动开展针对农民的技术和技能培训，有的乡镇还组织农民开展技能比武、技术竞赛。这些活动的开展，提高了农村党员群众的科学文化和精神文明素质，增强了对不良思想文化的免疫力、鉴别力、斗争力。

（四）充分发挥新乡贤在农村社会主义核心价值观培育中的作用

党的十九大报告指出：社会主义核心价值观是当代中国精神的集中体现，凝结着全体人民共同的价值追求。党的十九届四中全会进一步强调，要坚持以社会主义核心价值观引领文化制度建设。此举凸显了社会主义核心价值观的重要地位，明确了培育社会主义核心价值观的实践要求，为农村培育社会主义核心价值观提供了基本遵循。

农村培育社会主义核心价值观，既要坚持党的领导，又要充分调动和利用一切积极因素。新乡贤在农村社会生活中扮演着十分重要的角色，科学认识新乡贤功能，推动新乡贤功能的实现，对农村培育社会主义核心价值观具有十分重要的现实意义。

1. 新乡贤的主要功能

新乡贤是指成长于乡土、奉献于乡里，具有新时代气息，在乡民邻里间威信高、口碑好的个人和群体。有学者将新乡贤分为“在场”和“不在场”两类。前者指来自本土，扎根本土，服务本土，因品德、声望、学识非凡而深受农民尊重的乡村精英，后者指那些因求学、经商等原因离开故土，但依然眷恋家乡，并通过各种途径回馈乡村的各类精英。新乡贤的内在素质使其具有独特的功能，能够对农村社会主义核心价值观的培育发挥重要作用。

榜样引领功能。榜样是指个体在观察学习中模仿的对象。榜样的力量是无穷的。班杜拉认为：人类的大多数行为都是通过观察学习习得的，观察学习即观察和模仿他人的过程。新乡贤的榜样功能主要体现在两个方面：一是人们自发学习的标杆。见贤思齐是中华民族的传统美德和重要文化基因。新乡贤具有德才超群的特征，契合了农民群众向善向上的精神追求，其思想、感情和行为能够深刻感染群众，使之产生赞赏、敬仰、崇拜、效仿等思想情感和行为动机，自觉以新乡贤作为“临摹”对象来形塑自己的言行。二是可作为各级党组织和政府树立的典型。各级党组织和政府在将新乡贤选树为典型以后，再通过表彰、宣传等各种肯定性评价和奖励方式，强化其社会价值，形成鲜明的社会导向，促使农民群众按照所选树的新乡贤典型去学习并付诸实践。从总体上看，新乡贤的榜样功能，能使其在农村社会主义核心价值观的培育过程中发挥积极的示范引领和带动作用。

媒介教化功能。媒介是使双方发生联系的人或事物。农村培育社会主义核心价值观必须通过各类媒介将社会主义核心价值观传播到农民群众之中，并使之内化于心，外化于行。新乡贤根植乡里、知书达理、德行高尚，是一种重要的教育教化媒介，能够增强农民群众对社会主义核心价值观的认知与认同：

一是增加认知。社会主义核心价值观具有很强的实践性，又有深厚的理论性。毋庸讳言，大多数农民群众文化层次较低，理论水平不高，对社会主义核心价值观的深刻内涵存在一定的认知困难。新乡贤生活在农村熟人社会之中，对农民群众的知识结构和认知能力有较客观的了解，能够针对农民群众的认知特点，采取农民群众易于理解和接受的方式，对社会主义核心价值观的科学内涵进行本土化和情景化的转译和解读，具有比其他媒介更强的针对性、实效性，更易于打通农民群众认知社会主义核心价值观的“最后一公里”。

二是增强认同。认同属一种情感活动。受众对特定媒介的情感认同，有利于促进其对媒介宣传教育内容的接纳和认可。新乡贤这一独特的社会角色并非外部力量“标签化”的结果，而是立基于大多数农民群众对其内在素质和外在形象进行审视后的自主认同，具有很强的权威性，能够得到农民群众发自内心的信服和尊崇，使农民群众对新乡贤的宣传教育活动和宣传教育内容产生“自愿服从”，收到软性同化的效果。

社会资本功能。自利达·汉尼芬首次提出社会资本概念以来，尽管对社会资本的定义林林总总，但对于社会资本能够转化为行动者的行动能力、促进行动目标达成这一功能却具有基本共识。从这一视角来看，新乡贤是培育社会主义核心价值观的一种重要的社会资本。

新乡贤本身就具有社会资本属性。新乡贤之“贤”，使他们拥有比普通群众更高的声望，更多的信任，更广泛的社会网络，在农村社会关系中的位阶也相对较高。同时新乡贤还具有社会资本增值功能。社会网络理论告诉我们，当个人进入网络时，他不仅是该网络中的一个点，而且还能将其他网络带入现在的网络。新乡贤的权威性不仅使其在所拥有的社会关系网络中占据中心地位，吸引、凝聚和连接在其社会关系网络上的农民群众，而且还能使这些农民群众将自身的社会网络带入其中，形成集聚和放大效应，使新乡贤在农村培育社会主义核心价值观的过程中发挥更大影响力。

2. 新乡贤功能的实现路径

实现新乡贤功能必须强化农村基层党组织的责任意识，充分发挥新乡贤的主体性，扩大农民群众的参与，只有使农村基层党组织、新乡贤和农民群众三者之间形成良性互动，才能增强农村培育社会主义核心价值观的实际效果。

强化农村基层党组织责任担当。农村培育社会主义核心价值观是实施乡村振兴战略，破解“三农”难题，加快推进农业农村现代化，进而建成社会主义现代化强国，实现中华民族伟大复兴“中国梦”的必然要求和深厚支撑，是农村基层党组织的重要政治任务，必须强化农村基层党组织的责任担当。一是要提高思想认识。真正把培育社会主义核心价值观摆在重要位置，摒弃消极应付思想，杜绝形式主义，积极作为，主动作为，真抓实干。二是要切实加强组织领导。农村基层党组织是实现新乡贤功能的“导演”，要对实现新乡贤功能，培育社会主义核心价值观进行深入思考，科学谋划，切实加强新乡贤功能实现过程的领导、监督、调节，及时解决工作中遇到的矛盾和问题。三是要强化制度保障。要把农村培育社会主义核心价值观作为农村基层党建责任制和意识形态工作责任制的重要内容，严格考评，对落实不力的要严格追责问责。

充分发挥新乡贤的主体作用。新乡贤主体作用的发挥是新乡贤功能得以实现的逻辑前提。充分发挥新乡贤的主体作用既要依靠新乡贤自身努力，还要借助外部力量的支持，两者有机结合才能使新乡贤功能得以充分实现。一是要建立协同式教育机制。要以社会主义核心价值观的科学内涵和新乡贤实现自身功能所必须具备的能力为主要学习内容，把农村基层党组织的教育培训与新乡贤的自我学习结合起来，增强学习效果，提升新乡贤素质。二是建立管理服务与功能实现相协同的机制，搭建新乡贤主体作用发挥的平台。农村基层党组织要建立与新乡贤密切联系的长效机制，对新乡贤实现功能进行及时跟踪指导和服务，通过建立新乡贤讲坛、新乡贤精神文明示范户，推进新乡贤领衔和参加各类公益组织等途径，搭建新乡贤主体作用发挥的舞台。三是壮大新乡贤队伍，发挥新乡贤的群体效应。独木难成林，随着改革开放的不断深入，市场经济的不断发展和完善，新乡贤流失已成为普遍现象，在一定程度上弱化了新乡贤的整体影响力。农村基层党组织要拓宽视野，不仅要发挥“在场”新乡贤的主体作用，还要吸纳鼓励那些“不在场”的乡贤，为家乡培育社会主义核心价值观贡献力量。同时要重视新乡贤后备人才的培养和开发，不断壮大新乡贤队伍，增强新乡贤的整体力量。

激发农民群众参与热情。新乡贤功能的实现不仅取决于其自身主体性的发挥，更需要广大农民群众的积极参与。只有激发群众的参与热情，实现新乡贤与农民群众的良性互动、共同行动，才能最大化地发挥新乡贤功能。一是要营造良好氛围。良好的外部环境是激发农民群众参与热情的重要因素。外部环境的优化需要综合施策，多措并举，形成合力。要提高农民群众的科学文化素养，增强他们对社会主义核心价值观的认知力、领悟力与践行力。要牢牢掌握意识形态的领导权，引领各类媒体广泛深入地宣传社会主义核心价值观。要充分利用农家书屋、文化广场等农村公共文化设施，组织开展各种群众喜闻乐见的文化活动，丰富人们的精神文化生活，不断拓展社会主义核心价值观的教育空间，扩大社会主义核心价值观的渗透力、凝聚力、影响力，使学习和践行社会主义核心价值观蔚然成风，成为农民自觉的精神追求。二是要以日常生活领域为媒介，建立新乡贤示范带动农民群众践行社会主义核心价值观的互动机制。习近平总书记指出：社会主义核心价值观的培育必须融入社会生活，让人们在实践中感知它、领悟它。要发挥新乡贤在个人生活、家庭生活、学习生活、社区生活及文化娱乐生活、经济消费生活、政治生活等领域中的示范引领作用，让社会主义核心价值观渗透和扎根于农民群众的日常生活之中，真正被农民群众普遍接受、理解和践行，转化为他们的情感认同和行为习惯。三是要建立激励惩处机制。要通过创建文明农户、五好家庭，评选道德模范，选树乡村好人等活动，对自觉践行社会主义核心价值观的农民群众和家庭进行大张旗鼓的宣传表彰。

第二节　优化党群互动机制

马克思主义认为：历史活动是人民群众的活动，是推动历史前进的真正动力。马克思主义政党历来重视群众的伟大作用，列宁曾经指出“社会主义不是少数人，不是一个党所能实施的”①，“把千百万劳动群众组织起来，这是革命最有利的条件，这是革命取得胜利的最深的泉源”②。毛泽东也指出：“如果党群关系搞不好，社会主义制度就不可能建成；社会主义制度建成了，也不可能巩固。”③面临中国特色社会主义新时代，习近平指出：“人民是历史的创造者，人民是真正的英雄。”④“中国梦归根结底是人民的梦，必须紧紧依靠人民来实现。”⑤习近平在庆祝中国共产党成立 100 周年大会上再次强调：“江山就是人民、人民就是江山，打江山、守江山，守的是人民的心。中国共产党根基在人民、血脉在人民、力量在人民。”⑥党的十九届六中全会决议指出：党的最大政治优势是密切联系群众，党执政后的最大危险是脱离群众⑦。在新的征程中，我们必须坚定不移地贯彻党的群众路线，密切党群关系，依靠人民群众创造历史伟业。

基层党建的目标是永葆党员的先进性和代表性，维系党和群众的政治关联。在这个意义上，党群关系的状态是基层党建效果的重要标识⑧。在新征程新阶段中，村级党组织担负着十分艰巨的时代重任，必须以高质量党建推动高质量发展。这就要求村级党组织一方面通过加强自身建设，增强村级党组织的力量，另一方面要获得群众支持，依靠群众力量。只有将二者有机结合，才能为村级党组织功能发挥提供强大的能量。

从政治学的视角来考察，任何政治系统的政治过程都不可能脱离人民

① 列宁选集(第 3 卷)[M]. 北京：人民出版社，2012：464.

② 列宁选集(第 3 卷)[M]. 北京：人民出版社，2012：709.

③ 建国以来重要文献选编(第 10 册)[M]. 北京：中央文献出版社，1994：488.

④ 习近平谈治国理政(第三卷)[M]. 北京：外文出版社，2020：139.

⑤ 习近平在第十二届全国人民代表大会第一次会议上的讲话[N]. 人民日报，2013-03-18.

⑥ 习近平谈治国理政(第四卷)[M]. 北京：外文出版社，2022：9.

⑦ 中共中央关于党的百年奋斗重大成就和历史经验的决议[N]. 人民日报，2021-11-17.

⑧ 杜鹏. 迈向治理的基层党建创新：路径与机制[J]. 社会主义研究，2019(5)：114.

群众的参与而展开。在以政党政治为中心的时代，一个有效率的政治过程，必定是一个以党群良性互动为基础的政治过程。政治系统理论认为：政治系统的运转，是一个由输入、转换、输出、反馈等环节所构成的相互联系和循环往复的过程。村级党组织作为一个政治组织，其运作亦是如此。首先村庄群众向村级党组织提出自己的需求，村级党组织将这些需求输入后，予以加工转换，形成响应这些需求和支持的决策进行输出，群众对输出的结果进行吸收和转化，并形成新的需求和支持，反馈到村级党组织，从而开始新一轮的政治过程。通过以上分析，我们可以将村级党组织的政治过程简单地概括为一个群众提出需求——村级党组织依靠自身力量和群众支持予以转化——满足群众需求的动态过程。

生态理论认为，任何生命系统都不可能脱离其所处的环境，生命系统必须与环境系统实行能量交换，才能存在、发展、发挥其功能。政治的展开过程，就是生命系统与环境系统实行物质、能量、信息交换的过程。就村级党组织而言，村庄群众是其任务环境系统中的一个分系统，党群关系是其最重要的关系之一。村庄群众向村级党组织提供需求和支持，事实上是向村级党组织供给物质、能量和信息。需求转换过程就是一个物质、能量、信息转换过程，输出则是村级党组织向群众提供满足需求的产品和服务，是一个物质、能量、信息输出的过程。反馈则形成又一轮的输入、转换和输出，如此循环往复。如果村级党组织不能实现与群众的良性互动，就不能正常运转，其功能也不能正常发挥。

党群互动伴随村级党组织政治运转的全过程，优化党群互动机制是村级党组织功能发挥的必然要求，应遵循政治过程的运行规律，着力优化输入机制、决策机制、村级党组织领导推动的输出机制、以群众评价为主的反馈机制。

一、优化输入机制

任何政治组织都是以满足一定的需求为存在价值的，优化输入机制，是任何政治系统保持自身生存和功能发挥的必然要求。第一，需求与支持的输入是政治过程的起点，为政治过程提供原料，形成“刺激”，激发政治系统的基本活动，推动政治系统的运行①，没有输入，政治过程就无以进行。第二，它是生命系统与环境系统实行物质能量信息交换，保持动态平衡的基础和基本保证。第三，它是加工转换和输出的基本依据，系统的加工转换和输出都必须以需求和支持为基本指向。

中国共产党是一个以全心全意为人民服务为宗旨的马克思主义政党，在党的十八大闭幕后举行的中外记者见面会上，习近平强调：“人民对美好生活的向往，就是我们的奋斗目标。”②此后他又多次强调要坚持以人民为中心，把人民放在心中最高位置，把人民对美好生活的向往作为党的奋斗目标。人民群众对美好生活的向往既是宏观的，又是具体的，它体现在人民群众追求美好生活的种种需求之中。构建畅通的输入机制，充分了解和掌握人民群众的愿望和要求，是满足人民对美好生活需求，获得人民支持的首要条件。列宁曾经指出：“在人民群众中，我们毕竟是沧海一粟，只有我们正确地表达人民的想法，我们才能管理。”③村级党组织作为党在农村的基层组织，是党实现好、维护好、发展好农民群众的利益，满足农民群众对美好生活向往的重要载体，优化输入机制，是上级党组织、村庄群众以及村级党组织功能发挥的必然要求。

优化输入机制重点在于建立和完善畅通的需求表达机制、民主科学高效的需求综合机制。

（一）建立和完善需求表达机制

构建畅通的需求表达机制要做到：

---

① ［美］戴维·伊斯顿. 政治生活的系统分析［M］. 王浦劬，译. 北京：人民出版社，2012：28.

② 习近平谈治国理政［M］. 北京：外文出版社，2014：4.

③ 列宁专题文集·论社会主义［M］. 北京：人民出版社，2009：340.

（1）建立多元主体表达机制。就需求表达的主体来看，可以分为个体表达和团体表达。个体表达即村庄群众以个人身份表达自己的需求，团体表达指以组织（包括正式组织和非正式组织）为载体进行的需求表达。村级党组织为了使输入的信息更具广泛性、代表性，必须建立多元主体表达机制，开辟便捷的通道，对个体表达和团体表达同等重视，积极接受，充分了解和掌握村庄群众的需求。

（2）搭建开放性表达平台。既充分利用"面对面"表达、书面表达等传统表达方式，又要充分利用现代信息技术，搭建网上表达和各种自媒体表达等平台，丰富和畅通群众需求表达的渠道。

（3）主动搜集需求。要使党组织联系群众形成制度化，建立党组织联系群众的长效机制。坚持党员与农户结对联系，实行党员联系群众全覆盖。建立党员中心户制度，发动党员中心户联系农户。建立党组织领导班子成员联系村民小组制度，实现党组织领导班子成员联系村民小组全覆盖。通过与村民小组的联系，了解各小组群众的个体需求和共同需求。通过召开村民大会、村民代表大会和开展村级党组织"大走访"等活动，主动搜集群众需求。"大走访"是一种村级党组织深入每个农户进行交流访谈的群众工作方法，笔者在J县调查中，不少村支书都认为"大走访"是了解民心、掌握民情的一种非常重要和有效的途径。

（二）建立和完善需求综合机制

各种需求表达出来以后，还必须通过"调节"和"凝聚"进行综合。迪韦尔热指出，需求综合的任务首先就是把各种近似的需求汇集在一起，凝聚在一起，概括为一种总需求。其次，就是把各种个别的、特殊的要求综合为一个协调的和系统的完整要求①。伊斯顿认为需求综合必须对各种需求

① ［法］莫里斯·迪韦尔热. 政治社会学——政治学要素［M］. 杨祖功，王大东，译. 北京：东方出版社，2007：194.

进行调节和“筛选”，以保证政治系统平稳高效运行，他指出政党就是压缩需求的主要结构①。改革开放以来，农村经济、政治、社会、文化环境都发生了深刻而巨大的变化，人们的需求呈现出复杂性、多样性、动态性的特点，自利性需求与公益性诉求并存，个体性诉求与群体性诉求同在。村级党组织既要充分掌握各种需求，又要建立需求综合机制，对这些需求进行“筛选”和“聚合”，也就是把群众分散的、零乱的需求“集中”起来，将合理的需求输入转换系统，将不合理的需求排除在外。

建立需求综合机制首先要明确综合原则。凡进入“转换”阶段的需求必须不违背法律法规和政策，必须不违背社会伦理道德和社会习俗、规范，必须不损害他人利益，必须符合村庄实际具有可行性。

建立需求综合机制还要规定综合程序。首先，召开村民代表和党员大会联席会议，并邀请需求表达者参加，对符合综合原则，进入综合程序的所有需求进行充分讨论，集思广益，用民主的办法进行“筛选”。然后，召开支部委员会和村民委员会联席会议，对“筛选”的结果进一步“过滤”。最后，村级党组织对“过滤”结果进行集中，形成综合意见，并使之加入转换环节。

二、优化决策机制

决策过程就是需求转换的过程，即将经过“筛选”、“过滤”、综合的需求，转变成满足这些需求的决策。对于村级党组织而言，需求转换就是把经过综合了的群众需求，转换成村级党组织的工作目标、行动计划和具体实施方案，由村级党组织通过民主程序，使之变为正式的“决策”。

需求转换是影响输出效果的核心因素。一个好的决策能够更有效率地满足环境的需求，更多地减轻政治系统的压力，赢得环境更多的支持，增强政治系统的能量。反之，一个不好的甚至错误的决策，会导致政治系统

① ［美］戴维·伊斯顿. 政治生活的系统分析［M］. 王浦劬，译. 北京：人民出版社，2012：271.

与环境系统之间的失衡，甚至引发冲突，给政治体系带来严重危机。在村级层面，需求转换直接影响村级党组织功能发挥的效果。因此在决策制定的过程中必须坚持科学民主的原则，在决策制定的每一阶段都尊重科学、发扬民主，既集思广益，又实行层层把关，避免失误。笔者在J县调查时了解到，村级党组织有效的决策过程一般分为四个阶段，即：

(1)决策方案制定阶段。村级党组织对经过综合后的需求，进行调查研究，充分征求各方面的意见，特别是利益相关者的意见，尽可能全面把握相关信息，在涉及技术性、业务性或超过自身知识水平的问题上，还要咨询技术业务机构和上级党委、政府部门的意见，进行科学论证，克服盲目性，减少主观性。在此基础上召开村级党组织会议进行研究讨论，形成满足需求的若干备选方案。

(2)决策方案完善阶段。召开村级党组织委员会和村民委员会联席会议，对村级党组织制定的决策方案进行讨论，并予以进一步完善。

(3)决策方案审议阶段。村级党组织对经过“两委”商议、完善的决策方案，提交党员大会进行审议，重点审查其科学性、合规性、可行性。

(4)正式决策阶段。党员大会审议通过后，村级党组织要召开村民大会或村民代表会议，对经党员大会审议通过的决策方案进行民主决策，确立决策方案的正式地位，使之从方案变成权威性决策。

三、优化村级党组织领导推动的输出机制

输出就是把转换过程形成的决策加以落实的过程。罗斯金认为：公民的要求被决策制定者所接受并将其转化为政治体系的决定和行动，即“输出”①。输出是政治系统与环境系统发生交互作用的媒介。高质量的输出会产生环境满意度高的结果，从而减轻政治系统的压力，保证政治系统与环

① [美]迈克尔·罗斯金，等. 政治科学(第9版)[M]. 林霞，等，译. 北京：中国人民大学出版社，2009：33.

境系统的平衡。同时也会赢得来自环境的更多支持，为政治系统获得更多的能量，使政治系统的功能得到更好的发挥。在输出过程中，领导推动起着十分重要的作用。在人类社会生活中，只要有一定规模的团体活动存在，就有领导和指挥活动①。领导推动可以使整个政治系统积极运行，提高政策执行的效率，保证政策实施的效果。村级党组织是村庄各项工作和各种组织的领导核心，是村民利益的代表者，要保证输出过程卓有成效，必须建立以村党组织为领导核心的决策实施推动机制。

（一）加强决策实施的组织领导

第一，必须实行决策公开。通过公开，提高人们的知晓率，增强群众的参与度。第二，必须加强对决策的宣传，增进人们对于决策的理解，提高群众的思想认识。思想作为一种“潜在力”，对人们的行为具有重要的激发作用，也是形成支持态度和支持行为的重要因素。第三，推进决策实施，必须科学合理地配置人力、物力、财力及实施决策所需要的其他资源。要合理配置人力资源，人是一切资源中最重要的资源，要将决策所确定的目标任务，分配落实到具体的组织和个人，要积极吸纳需求表达者参加，激发需求表达者的主体性，减少决策实施的阻力，降低决策实施的成本，提高决策实施的效率。同时，还要根据决策实施的需要，科学合理配置物质资源及其他必需资源，为决策实施提供坚实的保障。第四，村级党组织要发挥组织协调作用。在决策执行活动中，承担不同任务的组织和个人如果没有村级党组织的协调，往往会出现衔接失调，甚至产生矛盾和冲突。村级党组织协调的任务主要是使执行主体协作配合，步调一致，发挥整体效应。第五，发挥村级党组织的决策作用。在执行活动中，往往会出现执行方案中没有预先考虑的情况和问题，村级党组织应该积极履行职责及时决策，保证执行活动的顺利进行。第六，强化过程监管。经过一定程

① 王沪宁. 行政生态分析[M]. 上海：复旦大学出版社，1989：239.

序加工转换而成的决策，具有一定的权威性和约束性，从应然的角度看，在执行活动中，各执行主体都应按照决策规定严格予以落实，但是受执行主体自身以及社会环境因素的作用，执行行为有可能出现偏差，从而影响决策执行的效果。因此，村级党组织必须加强对执行过程的全过程监督。要加强事前监督，即对开展执行活动的各项准备活动进行进一步审视、检查并及时有效地处理事前发生变化的因素或事项；要加强事中监督，主要包括监督执行主体实施执行活动的进展，执行活动与执行目标和执行质量要求是否偏离，了解执行活动中的困难等；要加强事后监督，审视执行活动完成的效果及村庄群众对执行活动的反馈，从而了解把握需要进一步改进的问题，并采取新的行动加以解决。第七，发挥村级党组织的示范引领和党员的先锋模范作用。在推动决策实施的过程中，村级党组织不仅要做好组织群众、动员群众、宣传群众的工作，还要使领导班子和全体党员“干在前头，走在前列”，为群众树立榜样，增强党组织的组织力、凝聚力和号召力。

(二)建立群众参与机制

群众参与对政治体系的运作至关重要。随着我国民主政治的进一步发展，群众参与的作用更加凸显。它不仅在输入环节起着支撑作用，而且伴随着整个政治过程。群众是村庄民主政治的主体，是党组织功能发挥的主要依靠力量，村级党组织各项工作都离不开村庄群众的参与。但是在现实情境中，一方面表现为群众的参与激情增强，另一方面也表现为群众参与的冷漠。为什么有的群众选择参与而有的群众则表现出冷漠？达尔在他和斯泰恩布里克纳所著的《现代政治分析》中列出了人们参与或不参与的各7条理由，最主要的变量是利益获得感、政治效能感和组织动员的力度①。要调动群众参与的积极性，必须建立相应的机制。要加强对村庄群众的利

① 罗伯特·A. 达尔，布鲁斯·斯泰恩布里克纳. 现代政治分析[M]. 北京：中国人民大学出版社，2012：111.

益观念教育，培养他们的集体主义精神，使他们不仅关心自己个人或家族的特殊利益，也要关心他人和集体的利益。要提升群众的政治效能感，政治效能感即个人对自己有能力在政治生活中发挥作用的信心，是一种个人认为自己的政治行动对政治过程能够产生影响力的感觉。要加大对群众政治参与技能的培训，并在政治过程中充分保障他们的权利，实行真正的民主，让村庄群众通过参与发挥出自己的影响力。要扩大群众参与渠道，组织动员群众参与的最有效途径就是践行党的群众路线，坚持一切为了群众，一切依靠群众，从群众中来，到群众中去，实现党内民主与人民民主的有机衔接，使村庄群众参与政治过程的各个方面，并依靠群众的力量推动村级党组织各项决策的落实，促进村庄经济、政治、社会、文化、生态文明和党的建设全面进步和全面发展。

(三)创新村民自治有效实现机制

村民自治是广大农民群众最广泛的民主实践，是推动村级党组织决策落实的主要途径和重要机制。村民自治肇始于1980年2月广西宜山县屏南公社合寨大队果作村建立的村委会。1982年宪法确认了村委会作为群众性自治组织的法律地位。自此以后，村民自治成为促进农村治理水平提高的一种重要形式①。张厚安、辛秋水教授认为“村民自治在中国的意义无论人们怎样高估也不为过”②。但也有学者得出了相反的结论，在对村民自治效能与未来发展的判断中，怀疑、担心、忧虑、悲观甚至否定观点均有③。有学者认为，村民自治未能实现预期的功能，反而出现了诸多意外后果，

① 于建嵘. 村民自治：价值和困境——兼论《中华人民共和国村民委员会组织法》的修改[J]. 学习与探索，2010(4)：73.

② 程同顺. 当代中国农村政治发展研究[M]. 天津：天津人民出版社，2000：203.

③ 袁方成. 民主治理如何可能——从村民自治到社区自治的考察[J]. 武汉大学学报(哲学社会科学版)，2016，69(4)：73-74.

并未达到“善治”的良好绩效①，效果并不如人所愿②。村民自治的实践与文本规范存在较大差距，村民自治的形式化意义远远强于其真正的自治内容，影响了村民自治和村庄治理的绩效③。

尽管村民自治遭遇了空前的“瓶颈”和困难，但学界与实践工作者并没有停下对村民自治有效实现形式进行探索的步伐。徐勇、郝亚光、吴记峰④⑤等围绕“找回自治”和“重达自治”进行了一系列调查研究，提出了相应的理论构想。从总体上看，近年来对于村民自治有效实现形式的讨论与实践探索较多地关注于“自治单元”的确定上。中国社会科学院农村发展研究所课题组认为村民自治体适度下沉，是村民自治的有效实现形式⑥。邓大才提出：“两大标准”和“五个因素”是划分农村基层治理基本单元的基本依据⑦。袁方成⑧、刘强等提出村民自治应下沉到“小区 ”或“社区”⑨，朱敏杰等⑩、余彪⑪认为应构建村民委员会和村民小组二级自治体制。有的

---

① 韩鹏云. 村民自治实践样态与转型方向[J]. 中国特色社会主义研究，2015(1)：54.

② 徐勇. 拓展村民自治研究的广阔空间[J]. 东南学术，2016(2)：87.

③ 余彪. 村民自治基本单位再认识与村级治理体系重塑——从广西W县S村调查谈起[J]. 西南大学学报(社会科学版)，2015，41(6)：52.

④ 郝亚光，徐勇. 让自治落地：厘清农村基层组织单元的划分标准[J]. 探索与争鸣，2015(9)：52-56.

⑤ 徐勇，吴记峰. 重达自治：连结传统的尝试与困境——以广东省云浮和清远的探索为例[J]. 探索与争鸣，2014(4)：50-53.

⑥ 中国社会科学院农村发展研究所课题组. 村民自治的有效实现形式：村民自治体适度下沉[J]. 中国党政干部论坛，2015(7)：10.

⑦ 邓大才. 中国农村村民自治基本单元的选择：历史经验与理论建构[J]. 学习与探索，2016(4)：51.

⑧ 袁方成. 民主治理如何可能——从村民自治到社区自治的考察[J]. 武汉大学学报(哲学社会科学版)，2016，69(4)：28-29.

⑨ 刘强，马光选. 基层民主治理单元的下沉——从村民自治到小社区自治[J]. 华中师范大学学报(人文社会科学版)，2017，56(1)：31.

⑩ 朱敏杰，胡平江. 两级自治：村民自治的有效实现形式——兼论农村基层民主实现的合理规模[J]. 社会主义研究，2014(5)：105.

⑪ 余彪. 村民自治基本单位再认识与村级治理体系重塑——从广西W县S村调查谈起[J]. 西南大学学报(社会科学版)，2015，41(6)：53-54.

地方进行了村民自治有效实现形式的实践探索，影响较大的有广东云浮的乡(镇)、村、组三级理事会联动治理模式，清远市村民小组(自然村)自治模式，湖北秭归县的村组“两级自治”模式，广西河池市的屯级党群共治模式，贵港市的“一组两会”模式，融水县的“五会屯治”模式。这些模式虽然各有不同，但有一个共同的特点，即都是着眼于划小村民自治单位，实行村民自治的重心下沉。对此，有研究者并不赞同。唐鸣、陈荣卓认为以村民小组为基本单元的村民自治并非村民自治的有效形式。郑铨史提出：自然村和村民小组建村委会的探索不能盲目跟风，把农村基层组织建设的架构搞乱①，唐鸣等②、朱敏杰等③认为：村民自治以自然村、小组或社区为基本单元存在诸多局限，并非村民自治唯一有效的方式，应“允许多样化的村民自治形态共存”。

应该肯定，无论从何种角度，上述理论研究和实践探索对于创新村民自治的有效形式都具有非常积极的意义，但也存在明显缺陷。现有研究和实践聚焦于村委会是保留在行政村，还是下沉到自然村村民小组或者更小的单元④，未能对村民自治的目的作更进一步的探讨。什么是村民自治实现的有效形式？检验村民自治实现有效形式的标准是什么？什么才是实行村民自治的适宜单元或合理规模？怎样确定村民自治组织的“最大规模”和“农民合作解决公共问题的最小规模”⑤？是行政村？自然村(小组)抑或村湾(屯)、院落？笔者认为不宜以传统的“单位制”思维来简单对待。

村民自治作为我国基层民主政治制度的一种重要形式，其出发点和根

① 郑铨史. 自然村设置村委会切莫一哄而上[J]. 乡镇论坛，2014(7)：8-9.

② 唐鸣，陈荣卓. 论探索不同情况下村民自治的有效实现形式[J]. 当代世界社会主义问题，2014(2)：40-41.

③ 朱敏杰，胡平江. 两级自治：村民自治的有效实现形式——兼论农村基层民主实现的合理规模[J]. 社会主义研究，2014(5)：105.

④ 徐勇，赵德健. 找回自治：对村民自治有效实现形式的探索[J]. 华中师范大学学报(人文社会科学版)，2014，53(4)：47.

⑤ 邓大才. 中国农村村民自治基本单元的选择：历史经验与理论建构[J]. 学习与探索，2016(4)：57.

本功能是为了更好地实现好、维护好、发展好农村群众的切身利益，检验村民自治实现的有效性，也只能以实现、维护、发展农村群众切身利益的有效性作为标准和尺度，同时，村民自治的有效实现需要立基于利益的推动，利益标准是构建村民自治有效实现形式的核心。

马克思主义利益理论认为，所谓利益，就是基于一定生产基础上获得社会内容和特性的需要①，利益是人类活动的内驱力②，是社会成员政治行为的动因，也是一切社会自治组织及其制度的基础③。马克思曾经指出“人们为之奋斗的一切，都同他们的利益有关”④，“每个场合都证明，每次行动怎样从直接的物质动因产生，而不是从伴随着物质动因的词句产生”⑤。民主不过是社会成员以及由社会成员所联系的各类组织实现特定利益和协调、解决利益矛盾的方式之一，而且民主本身既是一种权利，也是一种利益。村民自治的有效性必须立基于利益的推动。探索村民自治制度有效实现的适宜规模和合适单元只能运用马克思主义的利益分析方法，寻找最有利于促进村庄群众利益实现的组织方式，而不必拘泥于自然村(小组)自治、村湾自治或其他的单一模式。习近平指出：“涉及一部分群众利益、特定群众利益的事情，要在这部分群众中广泛商量；涉及基层群众利益的事情，要在基层群众中广泛商量。”⑥以这一思想为指导，笔者认为，构建村级党组织领导下的村民委员会自治与利益关联体自治相结合的复合式自治机制，是与中国农村实际相契合的适宜选择。

第一，在村民自治中坚持党的领导，不仅是由中国的政治制度所决定的，而且还因为党的领导是实现村民自治的根本保障。党的十九大报告指出：“党政军民学，东西南北中，党是领导一切的”，“党的领导是人民当

① 王浦劬. 政治学基础(第2版)[M]. 北京：北京大学出版社，2006：47.

② 谭培文. 马克思主义的利益理论——当代历史唯物主义的重构[M]. 北京：人民出版社，2013：138.

③ 王浦劬. 政治学基础(第2版)[M]. 北京：北京大学出版社，2006：55.

④ 马克思恩格斯全集(第1卷)[M]. 北京：人民出版社，1995：187.

⑤ 马克思恩格斯文集(第2卷)[M]. 北京：人民出版社，2009：598.

⑥ 习近平谈治国理政(第二卷)[M]. 北京：外文出版社，2017：293.

家作主和依法治国的根本保证”①。改革开放以来的实践也证明，中国共产党及其各级组织是村民自治进程的组织者和领导者，党的领导对于村民自治具有十分特殊的意义②。

第二，民主的效能的确与民主的规模有关，但是适宜的民主规模不是简单地取决于自治体的大小，而是由利益关联体的大小所决定的。人们的利益总是通过从生产和生活中结成的各种社会关系来满足和实现的。所谓利益关联是指某种利益的实现会受到特定社会关系的影响，同时也会影响到这种特定的社会关系。笔者将这种影响利益实现并受到利益实现影响的社会主体的集合体称为利益关联体。民主从来都不是空泛的，它总是具有一定的利益指向，村民自治的实践活动也总是围绕特定的利益而展开，与这种特定利益相关联的社会主体，相较于与这种特定利益没有关联的其他主体，对民主的效能影响更直接、更大。恩格斯曾经指出：利益相关度较高的氏族公社(包括氏族、胞族和部落)，自治程度也相对较高。在村庄场域，这种利益关联体的规模有可能小于村民小组或自然村、屯、院落，如果我们把村民自治单元定位为上述任何一种组织形式，也仍然存在自治单元过大的问题。如果这种利益关联体大于上述组织形式的规模，则出现这种划定的村民自治单元因覆盖能力有限而无法实现有效自治的窘境。从现实实践来看，村民自治所指向的利益并非是单一的、固定的，而是多种多样、动态变化的，所涉及的利益关联体或大或小，任何一种以人口数量或人口聚落为标准来划定的村民自治单元，都难以满足村民自治的要求。

第三，从村民自治的场域来看，合适的民主规模并不简单地取决于人口规模。一方面既不是人口规模越大越好，奥尔森认为“人口规模小的利益集团，相对于规模大的集团而言，其成员对于集体行为有较深的利益关

① 习近平. 决胜全面建成小康社会 夺取新时代中国特色社会主义伟大胜利——在中国共产党第十九次全国代表大会上的报告[M]. 北京：人民出版社，2017：20，36.

② 姚锐敏. 乡村治理中的村级党组织领导[M]. 北京：中国社会科学出版社，2004：3.

系，而且监督成本也比较低，从而比较容易克服‘搭便车’问题，而具有较高的组织水平和较大的政治能量”①。另一方面，村民自治的场域也不是越小越好，“自治单位愈小，其自治范围和内容愈加有限”②。而且，随着社会的发展，农村群众对于利益需求的种类更加多元化，不可能囿于某个较小的自治单元。

第四，行政村是国家治理体系的基本单元，也是村庄群众一个基本的文化、心理、生产、生活和利益认同单位，其存在具有一定的历史逻辑和现实合理性，将村民委员会设在行政村自然存在有利于村民自治推行的因素。按学者们现行的研究视角，相较于那些行政村以下的自治单元，它能够在更大的范围内调动更多的资源来促进和保障各种不同形式的村民自治的实现，能够更有效地协调不同利益关联体之间以及同一利益关联体内部的矛盾，提高村民自治的效能。但是，正如前面的分析所揭示的，如果将建立在行政村的村民委员会作为村民自治的唯一组织形式，是难以发挥村民自治功能的。因此，应该坚持在村级党组织领导下，利用行政村村民委员会这一地域性自治平台，充分发挥利益关联体的能动作用，实行村委会与利益关联体的复合式自治，使村民的利益需要通过这种复合式自治机制更好地得到落实。

(四)充分利用社会资本

村级党组织决策的实施，不仅需要立足于自身力量的发挥和上级党组织的支持，而且要充分开发利用各种社会资本，利用一切可以利用的资源。调动一切积极因素，为社会主义建设事业服务，是毛泽东的重要思想之一，也是中国共产党领导革命、建设和改革取得成功的基本策略和经

---

① ［美］罗瑟尔·奥尔森. 集体行动的逻辑［M］. 陈郁，等，译. 上海：上海人民出版社，1995：71-72.

② 徐勇，赵德健. 找回自治：对村民自治有效实现形式的探索［J］. 华中师范大学学报(人文社会科学版)，2014，53(4)：7.

验。毛泽东在《论十大关系》中指出："我们一定要努力把党内党外、国内国外的一切积极的因素，直接的、间接的因素，全部调动起来，把我国建设成为一个强大的社会主义国家。"①毛泽东关于"调动积极因素"的思想对村级党组织功能发挥具有十分重要的指导意义。

社会资本能提高人们对政治机构和政治人物的信任，使政治系统获得更高的合法性②。从这一视角出发，村级党组织必须通过加强自身建设，创造良好的外部环境，增强组织内、外的信任，树立村级党组织权威，建立与各种利益主体的良性互动关系，构建和拓展社会资本网络，为村级党组织功能发挥积聚更多的资源。这不仅在理论上是必需的，在实践中也存在极大的现实可能性。任何个人都不是一个孤立的个体，而是处于与社会的互动之中。社会本身就是由个人或组织之间的社会联系形成的网络结构而成的大系统。费孝通先生通过对中国社会关系结构的研究，提出了著名的"差序格局"概念，指出："每个人都是……圈子的中心，被圈子的波纹所推及的就发生联系"，"在差序格局中，社会关系是逐渐从一个一个人推出去的，是私人联系的增加，社会范围是一根根私人联系所构成的网络"③。亚当斯认为，个人的社会网络既包括亲属关系，也包括非亲属关系，"是由他保持的那些人组成的并且具有社会联系的一些形式"④。在乡村社会，小到一家一户，大到数个村庄之间的组织与联系，其背后也存在着一种"权利的文化网络"⑤。就村庄场域而言，每个党员、群众不仅是村庄场域这个网络中的一个点，而且还拥有更多的社会资本，如面子、声

---

① 毛泽东文集(第7卷)[M]. 北京：人民出版社，1999：44.

② Mishler W, Rose R. What Are the Origins of Political Trust? Testing Institutional and Cultural Theories in Post-communist Societies[J]. Comparative Political Studies, 2001, 34(1): 59.

③ 费孝通. 乡土中国[M]. 上海：上海人民出版社，2008：28-34.

④ Adams B N. Interaction Theory and the Social Network[J]. Sociometry, 1967, 30(1): 27.

⑤ [美]杜赞奇. 文化权利与国家：1900—1942年的华北农村[M]. 王福明，译. 南京：江苏人民出版社，2010：5.

望、亲缘、血缘、情缘、地缘、互惠关系以及由此而结构而成的各种关系网络。韩俊认为："在新农村建设中，有很多事情是可以充分调动民间力量的。"①村级党组织要形成与党员、群众的紧密联系，增强他们对村级党组织的认同，并通过思想引领、文化塑造、价值观培育，使他们不仅自身积极参与到村庄经济、政治、社会、文化、生态文明建设中来，而且还将其拥有的社会资本带入到村庄的各项建设之中，同时，村级党组织要充分利用罗兴佐所说的"第三种力量"②，即那些从村庄走出去的国家工作人员及其身后的网络。笔者认为，可以将罗兴佐所说的"第三种力量"的对象拓展至原具有村庄户籍现已将户籍转移出村的所有"精英"人士。村级党组织应当加强同他们的联系，保持他们在村庄治理网络中的位置，充分挖掘和利用他们自身的社会资本。

四、优化以群众评价为主的反馈机制

反馈是系统科学中的一个重要概念，指将系统的输出返回输入端并以某种方式改变输入，进而影响系统功能的过程。在政治系统理论的视野中，反馈是系统生存的基本保证。输出是系统对环境的物质、能量、信息供给，反馈是环境对系统的物质、能量、信息输入。输出与反馈构成了系统与环境的物质、能量、信息交换，是系统得以存在的关键。反馈也是系统运行的基本动力。根据系统控制原理，输出引起环境反馈，产生新的要求进入下一轮的输入，形成对系统新的压力，推动系统产生新的输出，如此循环往复，不停互动，使系统得以持续运转。反馈是系统更好地发挥功能的重要途径，系统通过反馈有利于掌握行为误差，做出相应调整和控制，使误差得以校正和消除，提高输出结果的品质，增加行为的合目的性。反馈能增加系统功能的整体性效应。没有反馈，各种输出完全相互独

① 韩俊. 改革开放以来农村经济社会转型研究[J]. 经济研究导刊，2008(2)：59.

② 罗兴佐. 第三种力量[J]. 浙江学刊，2002(1)：24.

立，而有了反馈，输出就是高度关联的累积的和前后一贯的。系统反馈功能发挥的效应一方面会减轻系统的压力，另一方面又会赢得环境更多的支持，“一个成员认为他们的需求正在得到满足，他将更多而不是更少地倾向于支持各种政治目标”①。

反馈的重要作用决定了有效的反馈机制是村级党组织保证自身良性运转，充分发挥自身功能的必然选择，优化反馈机制的途径主要有：

（一）建立决策执行活动报告制度

对决策执行活动的过程与结果要通过村务公开栏、网络、手机等多种信息平台予以公示，使广大群众在知情的基础上做出评价、提出意见和建议，同时还要建立会议报告制度。笔者在J县调查时了解到，J县有的村实行一事一报告制度，每件事情执行终结，村级党组织都要召开党员大会、村民代表大会进行报告。有的村实行半年和年终两次集中报告制度，在每年年中和年末分别召开党员大会、村民代表大会（有的村年终还召开全体村民大会），由村级党组织将执行活动的结果向群众进行面对面汇报。

（二）建立群众评价长效机制

J县普遍建立了群众评价村级党组织的制度，并且将这项工作开展的要求纳入党建工作责任制之中，同党建工作一起安排，一起检查，一起考核。从政治学的意义上来说，群众评价是一种“输入性”认同和“输出性”认同动态匹配、双向建构的机制。群众评价作为一种公民参与，是“输入性”认同的核心，对村级党组织建设和功能发挥绩效的评价实质上是一种“输出性”认同，这种双向机制的建构和长效化，有利于村级党组织与群众良性互动的制度化。

① ［美］戴维·伊斯顿．政治生活的系统分析［M］．王浦劬，译．北京：人民出版社，2012：349.

(三)畅通信息反馈渠道

要创造条件，使群众与村级党组织实行面对面、书面、网络、自媒体等多种形式的反馈。同时要建立反馈收集与处理制度，村级党组织要将各种反馈信息收集起来，根据反馈意见调整执行活动，提升执行活动绩效，提高群众满意度，增强群众的政治效能感。要实行反馈奖励制度，设立“批评奖、好建议奖”，激励广大群众的反馈参与。

第三节 优化上级党和政府的制度支持机制

制度的重要性似乎是公认的①，“制度包括为社会生活提供特定性和意义的规则性、规范性和文化—认知要素，以及相关活动的资源”②。

制度具有引导、规范、激励、约束以及资源配置和价值分配等功能。奥罗姆指出：“制度一经形成，它们就能够深刻地塑造历史过程和个人生活，并影响其发展方向。”③上级党组织和政府作为对村级党组织有着重要影响的任务环境之一，其制度性支持对村级党组织功能发挥起着至关重要的作用。

第一，它规定着村级党组织的行动方向和活动内容。组织的严密性是中国共产党作为马克思主义政党的最突出特征之一。党的各级组织依制度而建，也依制度而管理。党章是一切制度的根本遵循。民主集中制既是一种组织原则，又是一种管理制度。按照这一原则，下级必须服从上级，全党必须服从中央。党对各级组织的领导，主要是路线、方针、政策的领

① 周黎安，王珊珊. 什么是制度？我们如何理解制度？[J]. 经济社会体制比较，2000(6)：30.

② [美]理查德·斯科特. 制度与组织——思想观念与物质利益[M]. 姚伟，王黎芳，译. 北京：中国人民大学出版社，2010：56.

③ [美]安东尼·奥罗姆. 政治社会学导论(第4版)[M]. 张华青，等，译. 上海：上海人民出版社，2014：4.

导。上级党组织通过制度供给，对各级党组织进行指引和规范，实质上是一种制度领导。在中国的政治架构下，党的领导也包括对政府的领导，党的各项路线方针政策的贯彻执行也必须通过政府的行政活动来落实。政府的行政活动是党的领导的具体体现。由于我国国家政权与基层社会的联系止步于乡镇，政府机构并没有延伸到行政村一级，因此国家权力在村庄的行使主要通过村级党组织作为代表来执行，而行使这种代表权的主要依据也是国家和政府的制度供给，即国家法令、政策等。在实践中，村级党组织的工作内容与作为群众利益代表、中国共产党在农村基层的代表和国家(政府)在村庄的代表三重代表身份相对应，主要包括村庄事务、党的建设、行政工作等三个方面，其中党的建设工作、行政工作就是贯彻执行上级党组织和政府的路线、方针、政策以及党和政府部署安排的各项工作任务，从根本上来说，就是执行制度、落实制度。

第二，上级党组织和政府的制度供给对村庄的影响是全方位的，涉及经济、政治、社会、文化、生态文明建设和党的建设等各个方面，如农村经济联产承包责任制的推行，村民自治制度的建立，农村公共产品的供给，思想文化环境的建设，以及美丽乡村建设、乡村振兴等，无一不是上级党委和政府制度供给的结果。上级党组织的制度供给不仅影响其自身的合法性，也影响村庄群众对村级党组织的认同，从而影响村级党组织功能发挥的群众基础和社会基础。一些学者的研究表明，党在不同阶段所推行的制度以及制度的执行是影响村庄群众对党的认同和村级党组织认同的重要因素之一①②③④。

---

① 刘培伟. 论国家的选择性控制政策对农村基层政权合法性的影响[J]. 浙江社会科学，2007(3)：29.

② 陈朋，齐卫平. 后农业税时代农民政治认同类型的实证分析——基于鄂湘川陕辽72个村庄的调查考察[J]. 社会科学，2008(2)：88.

③ 彭正德. 民生政治：一种农民政治认同机制[J]. 当代世界与社会主义，2010(3)：59.

④ 季丽新. 建国以来农民对党的政治认同：历程与启示[J]. 当代世界与社会主义，2010(5)：121.

第三，制度是一种重要的资源，它对村级党组织功能发挥绩效具有十分重要的作用。制度是一种动力源，它通过推动村级党组织开展执行制度、落实制度的活动而创造工作绩效，同时制度又推动各种资源配置，包括资源下渗、资源整合等。上级党组织和政府是村级党组织重要的资源提供者，而这种资源提供的方式主要通过制度供给来实现的。制度具有全局性、长期性、根本性和稳定性的特点，这使制度作为资源的影响力更加巨大。

上级党委和政府对村级党组织的制度支持应该是全方位的，既有农村经济、社会发展方面的制度支持，也有对村级党组织在党的建设方面的制度支持，还有对村级党组织实现自身运转和发挥功能方面的保障性制度支持。这三者构成一个有机系统，是一个相互联系的整体。党的十九大描绘了建设社会主义现代化强国的宏伟蓝图，建设社会主义现代化强国，必须建强农村，而建强农村，必须使农村在政治、经济、社会、文化、生态各方面都强，全方位都强。建强农村，就必须加强村级党组织建设。建强村级党组织既要依靠全体党员的自身努力，也必须依靠上级党委和政府的制度支持，根据笔者在J县调查的情况，当前，急需优化农村公共产品供给的制度支持机制、村级党组织工作运行的制度支持机制、村级党组织基本保障的制度支持机制。

一、优化农村公共产品供给的制度支持机制

农业、农村、农民问题是事关中国经济社会发展的根本问题。改革开放以来，尽管中国农村发生了深刻变化，农民生活水平有了较大改善，但“三农”问题依然严峻，城乡发展不平衡、乡村发展不充分的矛盾依然比较突出，村级党组织的地位和权威受到严重影响，村级党组织功能发挥受到严重制约。

在以习近平同志为核心的党中央的坚强领导下，经过全党全国人民的努力奋斗，我们已实现第一个百年奋斗目标，开启了实现第二个百年奋斗

目标的新的历史征程。作为中国共产党在农村的基层组织，村级党组织责无旁贷，应该为实现全党的共同目标充分发挥自身功能。村级党组织功能发挥必须以拥有一定资源为基础。有些资源村级党组织通过自身努力可以取得，但有些资源必须依靠上级党委和政府的支持和供给。其中公共产品供给因为与农民的生产生活密切相关，是农村经济、政治、社会、文化、生态建设所必须但却是村级党组织自身难以生产和获取的，必须由上级党委和政府提供制度性支持。虽然农民和市民都是国民，城市和乡村都是社会的组成部分，农业经济和工业经济都是国民经济的重要支撑，但长期以来，城乡公共产品供给的不均衡却是一个不争的事实。不少学者如于印辉①、马志敏等②、惠怡安等③、李燕凌等④的研究都指出了这一点。尤其是税费改革以后，村级党组织的物质性资源、权威性资源和乡土资源严重流失，仅凭自身能力，难以满足村民基本公共服务的需求⑤。

城乡在资源分配上的不均衡、不平等，使农民的相对被剥夺感增强，获得感降低，影响了农民对党的认同，特别是对村级党组织的认同。如笔者在J县调查时了解到，村干部普遍反映当前有两件事最为棘手：一是收取农民养老保险费，由于农村退休养老保险的给付标准与城镇居民和城镇职工养老保险存在较大反差，“含金量”偏低，很多农民都不愿缴纳养老保险费，村干部为了完成任务只有上门催收，引起农民强烈不满。二是农田水利设施的配套和改善。J县是一个典型的水乡地区，旱涝灾害频仍，由于水田面积大，县乡财政财力有限，有少数村农田灌溉设施缺乏，只能

① 于印辉. 我国农村公共产品供给问题研究[D]. 大连：东北财经大学，2010：60.

② 马志敏，吴朝阳. 城乡统筹视阈下我国农村公共产品供给的路径探讨[J]. 经济问题，2013(5)：69-70.

③ 惠怡安，马恩朴. 我国农村公共产品供给机制创新[J]. 宁夏社会科学，2013(3)：50.

④ 李燕凌，周妍. 农村公共产品供给侧结构性改革的路径与政策架构[J]. 江苏农业科学，2017，45(19)：1-2.

⑤ 杨华，王会. 重塑农村基层组织的治理责任——理解税费改革后乡村治理困境的一个框架[J]. 南京农业大学学报(社会科学版)，2011，11(2)：45.

“望天收”，群众对村级党组织抱怨很多，对上级党组织和政府也有较大意见。诸如此类的问题如果长期得不到解决，村级党组织就难以得到村民的支持，其功能就难以发挥。长此以往，就会引发农民对上级党组织的不信任，埋下社会不稳定的隐患。因此，必须建立对村级公共产品供给的制度性支持，坚持以人民为中心的基本理念，以城乡公共产品的均衡供给为基本目标，推进资源向农村下渗，实行公共品供给的城乡平等。

（一）坚持以人民为中心的理念

为什么农村在国家的公共产品供给方面会处于劣势地位？学界对此进行了大量研究，也形成了基本一致的看法，如陆学艺①、李海金等②、张明斗③等认为，国家在一个较长的时期内实行的工业优先、城市偏向的经济社会发展战略和城乡分离、分立、分治的二元结构是最主要的原因。应该说他们的分析是很有见地也是很中肯的，但如果对这种现象背后的深层次原因作进一步探究，笔者认为城乡居民在现实境遇中存在的地位失衡，才是问题的根本所在。

以人民为中心意味着城乡居民地位和权利的平等，这是体现社会公平正义的基础，是社会主义优越性的重要体现，也是科学社会主义的基本原则，是一个不须论证的政治命题。中华人民共和国的每一个公民享有同等的地位和权利，是“中国梦”的基本元素。“中国梦”是每个中国人民的梦，当然包括中国农民的梦。实现人民对美好生活的追求，是实现“中国梦”的重要组成部分，而实现中国农民的“中国梦”当然内在地包含中国农民对城

① 陆学艺. 破除城乡二元结构，实现城乡经济社会一体化[J]. 社会科学研究，2009(3)：104-105.

② 李海金，危薇. 农村社区建设：城乡一体公共服务与治理体系的双向构建——以武汉市农村“家园建设行动计划”为分析对象[J]. 社会主义研究，2012(6)：98.

③ 张明斗. 城乡一体化发展的体制创新策略[J]. 宏观经济研究，2017(2)：33.

乡居民同权、城乡地位平等的要求。我国长期存在的二元结构体制以及以这种体制为基础实行的经济社会发展政策和管理制度，不仅使城乡不平等，也造成了城乡居民在享有权利方面的“事实上的不平等”。一段时间国家在公共产品供给方面存在的“城市偏好”就是一个典型的例证。如果说这种现象是新中国成立之初，为了快速摆脱贫穷落后面貌而不得不做出的战略选择，具有历史的必然还可理解，但这种制度若长期存在就没有任何合理性可言。一些有识之士如厉以宁①、贺雪峰②等都曾呼吁，现在是结束二元结构，以国家财政支持为基础建设农村、帮助农民的时候了。陈锡文认为，从当前的实际情况看，必须提高政府对农民提供公共服务的水平③。因此，应当践行以人民为中心的理念，打破城乡二元结构，消除附着其上的一切不合理的政策，制定城乡公共产品均等化供给制度，真正实现城乡平等、城乡融合发展，助力乡村振兴，加快推进农业农村现代化。

(二)加大财政支农力度

第一，要改善财政支出结构。有学者指出：我国公共财政用于“三农”支出的比重与我国农业对国民经济发展的实际贡献，与我国农民占全国总人口的比重相比，都不适应④。必须加大对农村公共产品的投入力度，扩大公共财政覆盖农村范围，确保国家财政对农业总投入的增长幅度要高于财政经常性收入的增长幅度。第二，要充分发挥政府的宏观调控职能，把更多的国民收入用于农业和农村建设，为农村公共产品提供充足的经费保证。改变制度外筹资在村一级作为农村公共产品供给主要经费来源的方

---

① 厉以宁. 城乡二元体制改革关键何在[J]. 经济研究导刊，2008(4)：1-2.

② 贺雪峰. 城乡统筹路径研究——以成都城乡统筹实践调查为基础[J]. 学习与实践，2013(2)：85-86.

③ 陈锡文. 中国农村制度变迁60年[M]. 北京：人民出版社，2009：171.

④ 李燕凌. 县乡政府农村公共产品供给政策演变及其效果——基于中央“一号文件”的政策回顾[J]. 农业经济问题，2014，35(11)：48.

式，实行农村纯公共产品由政府免费提供，而不因农民在万般无奈的情况下自己出资为公共产品买单。第三，加大对县乡财政的支持，增强县乡财政在公共产品供给中的支出能力。第四，加大对村级公共产品供给的倾斜力度，农业的根基在农村，农村的基础在村一级。有学者指出，近年来，农村公共服务方面的投入虽然不断加大，但主要集中在县乡层面，绝大多数村级层面仍是一片空白①，这也造成农民群众对城乡公共产品供给不平等的不满。方凯等依据湖北省农户调查数据所作的农村公共产品农民满意度分析研究结果表明，农民对农村公共产品供给的满意度总体上是偏低的②。因此在农村公共产品供给中既要纠正“城市偏向”，又要防止产生由权力因素主导的越往基层供给越少的弊端，真正使农村公共产品供给能够更多地惠及农民，惠及农业，惠及农村，增强农民的获得感。

（三）坚持政府主导供给

有不少学者指出了我国农村公共产品供给主体单一的问题，提出要建立多元主体供给机制。如：陈世伟③、于印辉④、李武等⑤、吴根平⑥等。笔者认为，农村公共产品种类繁多，在需求上也具有不同的层次，这种多样性使构建多元化的农村公共产品供给机制不仅成为可能，而且也是必需

---

① 余梦秋，周灵，陈健生，陈家泽. 统筹城乡与均等化公共服务创新路径研究——以国家统筹城乡综合配套改革试验区成都为例[J]. 理论与改革，2011(3)：65.

② 方凯，王厚俊. 基于因子分析的农村公共品农民满意度评价研究——以湖北省农户调查数据为例[J]. 农业技术经济，2012(6)：35.

③ 陈世伟. 我国农村公共服务供给主体多元参与机制构建研究[J]. 求是，2010(1)：92.

④ 于印辉. 我国农村公共产品供给问题研究[D]. 大连：东北财经大学，2010：17.

⑤ 李武，胡振鹏. 农村公共物品供给模式及对策研究[J]. 江西社会科学，2012(3)：59.

⑥ 吴根平. 我国城乡一体化发展中基本公共服务均等化的困境与出路[J]. 农业现代化研究，2014，35(1)：37.

的。问题在于，就一般情况而言，农村公共产品所具有的公共属性，使大多数私人或民营企业不愿意或者无法有效提供，而向农村提供公共产品却是政府的主要职能，政府对此负有不可推卸的责任。即使有私人、民营企业或第三部门能够成为供给主体，政府仍然要发挥主导作用，履行对农村公共产品供给的职能，而不能因为强调供给主体的多元化，规避自己应尽的职责。对农村公共产品的供给必须坚持政府主导，重点要做好以下工作：一是建立健全政府对农村公共产品供给的责任机制。明确各级政府在不同类型农村公共产品供给中的相应责任，避免主体“缺失”和“错位”，使本应由上级负责的公共产品供给责任转移到下一级，甚至转移到村级党组织和农民头上。二是建立与县乡提供农村公共产品供给相配套的保障措施，加大一般性转移支付和专项性转移支付的力度，使县、乡政府有能力为农村提供公共产品。三是建立农村公共产品供给的考核机制和问责机制，增强各级政府加强农村公共产品供给的动力。

（四）建立农村公共产品效用评价机制

由于现行的农村公共产品供给采取的是“自上而下”的单向度机制，地方政府的“红头文件”或“领导讲话”往往成为县、乡政府农产品供给项目确定及数量的决策依据①，为少数领导实行以追求个人政绩为取向的决策留下了空间，导致农民需求的公共产品难以供给，而违背农民意愿的公共产品又供给过剩。由于缺乏透明公开的监督机制和民主参与的缺失，整个资金运行也缺乏有效监督，预算、审计往往流于形式，挤占、挪用、浪费公共产品专项资金的现象也并非个案，导致农村公共产品供给既在数量上难以保证，又在品种结构和质量方面难以满足农民的需求，农村公共产品供给效用大打折扣。

① 刘卓珺，于长革. 中国财政分权演进轨迹及其创新路径[J]. 改革，2010(6)：36.

在农村公共产品供给中必须充分发挥村级党组织和农民的作用。要构建自下而上的农村公共产品需求意愿表达机制，建立农民意愿表达的管道；要建立村级党组织的综合表达机制，由村级党组织对农民意愿进行综合，向上级党委和政府进行有序表达；要建立农村公共产品供给公示制度，对相关项目、资金来源及实施情况向社会公开，接受社会监督；要建立农村公共产品供给消费者评价制度，农村公共产品效用由村庄群众评价，并配套以相应的追责问责机制，改变当下存在的只重视投入而忽视对投入的评价，或者只重视供给者内部评价(如由供给者的主管部门评价等)而忽视公共产品的供给对象——村庄群众评价的现象。

二、优化村级党组织工作运行的制度支持机制

组织行为、组织形式都是制度塑造的①，上级党组织的制度供给是推动从严治党向村级党组织延伸，充分发挥村级党组织功能的基本依据和根本保证；是上级党组织引导、规范、激励、约束村级党组织按照上级统一要求，形成统一行动的重要手段，也是提高党的建设包括村级党组织建设科学化水平的重要途径。中国共产党是一个组织高度严密的马克思主义政党，党的组织原则和基本架构决定了上级党组织必须履行制度供给职责。党的十八大以来，党中央高度重视制度建设，制度治党成为全面从严治党的重要抓手，但是在制度供给方面仍然不能满足村级党组织建设的实际需要。如有不少研究者指出，虽然农村党建已有一定的制度积累，但是仍然存在制度供给结构不合理、制度供给不足的问题，实体性制度多，程序性、保障性的制度少②，制度本身存在缺陷，过于简单，可操作性不强③，

① 周雪光. 组织社会学十讲[M]. 北京：社会科学文献出版社，2003：78.

② 陈松友，刘帅. 制度治党：优化党内政治生态的现实性及路径选择[J]. 河南社会科学，2016，24(5)：34-35.

③ 何克祥. 推进党的基层组织生活规范化、制度化探论[J]. 岭南学刊，2016(4)：61.

制度之间缺乏衔接配套和系统化联系等。制度供给存在的上述问题，弱化了制度的执行力和制度效应，制约了村级党组织建设质量的提高和功能的发挥。“一项有效运作的制度往往是一系列具有有机联系的制度元素联结起来的闭合系统。”①一项健全的制度应该包括实体性制度——规定做什么，程序性程度——规定怎么做，保证性制度——对违背制度的约束与处理方法②，三者相辅相成，缺一不可。因此，有效的制度供给，第一，必须进行制度的整体规划，保证制度内容与体系的完备性和系统性。第二，党的制度建设既需要根本制度，又需要具体制度。对村级党组织而言，更需要上级党组织增强制度供给的针对性和实效性。第三，制度供给要及时，要适应形势发展的变化，突出问题导向，及时回应村级党组织建设的制度需求，创新已有制度或建立新的制度。第四，加强对村级党组织制度的有效供给。适应和满足村级党组织的制度需求，必须坚持从实践中来，从基层中来，扩大村级党组织的参与力度。上级党组织要遵循村级党组织建设的基本规律与客观实际进行制度设计与生产。制度制定者在不断增强自身理论修养的同时，还要深入农村一线加强调查研究，了解在制度供给方面存在的问题和村级党组织对于制度供给需求。要建立村级党组织对于制度供给的参与机制，并在制度制定的各个环节保证有来自农村一线党员、党组织负责人的参与。第五，要创新制度供给的方法，建立案例和典型经验推介制度。制度具有滞后性，难以满足鲜活的不断变化的实践需求。不少制度创新都是从基层开始的，上级党组织对这些有利于工作、宜于推广的创新可以采取案例和典型经验推介的方式予以及时推广，让这种案例或典型经验成为一种“准制度”，为村级党组织运行提供指导，在此基础上，不断总结和完善，然后上升为正式制度。第六，要建立制度评价与反馈机制。村级党组织党员和村庄群众是制度评价的主体，上级党组织要组织制度化的制度评价活动，建立制度评价的反馈机制，根据反馈信息及时对制度进

① 卢福营．冲突与协调：乡村治理中的博弈[M]．上海：上海交通大学出版社，2006：153.

② 周新芳．农村基层民主建设研究[M]．济南：山东人民出版社，2013：74.

行修订、补充和完善，使有效的制度供给成为村级党组织开展党的建设和充分发挥功能的重要引擎。

三、优化村级党组织基本保障的制度支持机制

组织活动表现为一种人的社会活动，任何组织的运行都必须有一定的人、财、物作为基础。村级党组织要实现良性运转，也必须有人、财、物方面的基本保障。这里的“人”，主要指党务人员，即在村级党组织中具体负责党建工作的人员。党务人员是村级党建工作的操作者和推进者，是影响党建工作质量的关键因素，在村一级最关键的党务人员就是村级党组织书记。一定的财物保障是村级党组织开展各项活动必不可少的条件，财物保障的核心是经费保障，经费是政党活动的经济支柱，任何设备的投入都是由经费投入转化而来的①。因此，归根结底，村级党组织的基本保障最重要的就是党务人员和经费到位。

党务人员力量的强弱以及村级党组织经费是否充裕直接影响村级党组织功能发挥。笔者在J县调查时发现，不少村级党组织党务人员的素质和党建经费保障已成为功能发挥的瓶颈，为此，必须构建党务人员素质提升和村级党组织运转经费保障的制度支持机制。

(一)建立党务人员素质提升的制度支持机制

建立村级党组织书记党建理论、业务技能培训的长效机制。村级党组织书记作为村级党建的第一责任人，抓党建是第一位的工作，在村级党组织书记这个角色中，做好党务工作是其重要的角色内容。县、乡党委要树立以角色为中心的培训意识，按照村级党组织书记角色的内在要求进行有针对性的培训。县委要运用好每年对村支书进行集中培训的机会，乡镇党

① 周淑真. 政党政治学[M]. 北京：人民出版社，2011：97.

委要建立村级党组织书记党建业务经常性培训的机制，在培训内容中加大党建知识的权重，促进村级党组织书记党务工作素质的提高。要结合县、乡党委对村级党建工作提出的月度、季度、年度党建工作计划和任务清单，进行以实际操作技能为主的培训，增强村级党组织书记抓党建工作的实战能力。要构建促进村级党组织书记主动学习、自我提高党务工作能力的机制，统一规定村级党组织书记必读的党建工作文件、资料和相关图书，对村级党组织书记每年进行一次以上的党建知识测试，以考促学。要对村级党组织开展党建工作的情况进行考察考核，变年终一次性考核为平时考核与年终考核相结合，并结合考核进行点评和总结，既发挥考察考核的督促功能，又发挥其岗位实战培训功能。

构建党建人才资源共享机制。新时代对村级党建工作提出了更高的要求。如前所述，相当数量的村级党务工作者的素质目前是难以适应这一要求的，对他们进行培训提高是一条重要途径。但素质提升并非一蹴而就，需要一个不断累积的过程，仅靠培训难以适应村级党建的迫切需要。因此，必须树立开放性的理念，构建党建人才资源共享机制，一方面可以借此在一定程度上改善村级党建人才资源短缺的状况，另一方面也可以与村级党务工作者培训机制相互补充、相互协同，更好地适应村级党建对专业型党务工作者的需求。可采取以下措施：①组建县乡党建人才服务团，遴选具有一定党建理论素养、通晓农村党建知识、熟悉“三农”工作的人员，组成村级党建专家服务团，进村提供党课教育、党员培训、党的建设指导等服务。每个乡镇也要成立类似的人才服务团，为党务人才资源薄弱村提供党建服务。如J县由县委组织部牵头，从县委党校、县直部门、乡镇干部、优秀村支部书记队伍中，遴选熟悉村级党建的人员，建立专家库，根据村级党组织的需要从专家库中挑选相应的人才提供服务。J县各乡镇虽然没有在形式上普遍建立专家服务团，但是在实际工作中普遍运用了党建人才共享机制。如请本县党建专家或本乡镇的优秀村级党组织书记上党课，进行村级党建“会诊”等，在一定程度上弥补了村级党建人才的不足。②建立县、乡部门联系村级党建工作机制。每个村都有一个县直部门或乡镇机关、事业单位的干部结对联系，使村级党组织能够充分利用县乡部门的党建人才资源。③建立“走出去”的培训机制。近年来，J县每年都组织村支部书记或党员走出村外、乡镇外、县外，甚至跨市、跨省到先进典型所在地进行学习培训，由典型所在地党务工作者进行现场教学，传授党建工作经验，这种“走出去”的机制，利用了外地党建人才资源，收到了较好效果，“让他们学到了党建知识和工作技能，开阔了眼界，提振了他们做好党建工作的决心和信心”①。

(二)构建村级党组织运转经费保障的制度支持机制

经费是构成组织的不可或缺的物质性要素。前已述及，经费保障是影响村级党组织功能发挥的重要因素。由于缺乏制度性经费支持，当下，各级党委、政府都把发展和壮大村级集体经济作为解决村级党组织运转经费保障的重要途径之一。但集体经济收入能否用作党组织经费，在理论和实践上都存在一定的障碍。集体经济收入应该归集体经济组织成员所有，或者用于村集体经济的扩大再生产，或者用于村庄公共事业的投入以及村民福利，或者直接分配给集体经济成员，抑或兼而有之。集体经济收入能否作为村级党组织的工作经费，在笔者看来，应该是一个值得商榷的话题。通过笔者在J县调查了解的情况来看，少数村从集体经济收入中拿出一部分作为村级党建工作经费或弥补党建工作经费的不足，引起部分村民的不满，这从另一个侧面说明将集体经济的部分收入用于党建工作在现实中存在一定的障碍，客观上影响了党群关系和村级党组织功能的发挥，因此必须优化上级党组织和政府对村级党组织运转经费保障的制度支持机制。

一是建立村级党组织经费全额预算机制。在如J县这样的中部地区，县乡财政一般都比较困难，要将村级党组织经费列入县乡财政全额预算，难度较大，中央财政应该担负起保证村级党建经费的责任，将村级党建经

① 摘自J县村支书赴JX省AJ县培训的总结材料。

费列入一般性转移支付基金预算，以保证村级党组织的正常运转。实行这一政策既是破解村级党组织运转经费保障难题的必要和必需，也是中央财政应该履行的职责。村级党组织虽然不是一级政权，但是在维系基层政权建设和社会稳定中发挥着重要的基础性作用，这种作用是不可或缺的，也是不可替代的。同时，村民自治制度的实行，使村级党组织在代表党行使对农村领导权、执政权的同时也成为各级政府在农村基层的代表，承载着许多行政任务。要完成这些任务，上级政府应该给予相应的经费保障。从现实可行性来看，张晓山先生在 2016 年 7 月发表的一篇文章中指出，按照每村 10 万元预算，国家对全国 58 万个村一年的总投入为 580 个亿，如果国家财政调整支出结构，这几百亿并不会增加国家财政负担。因此，他认为从长远来看，公共财政应该覆盖到行政村一级①。从国外经验来看，一些国家的农村基层组织的运转经费都有国家定向支持的制度性保障。如美国赋予其农村最小的自治团体“村”征收赋税的权力②，日本设立了“市町村”税来作为村级组织的财政来源，税收不足以维持“市町村”必须经费的，国家予以补助③。

二是建立村级党组织经费综合性保障机制。如果国家财政目前尚无足够能力为村级党组织经费提供支持，则可采取多元筹集的办法，其主要路径是：第一，建立“钱事匹配，钱随事走”的以钱养事制度。政府对于每一项要求村级党组织完成的行政性工作任务，都必须同时安排相配套的工作经费。第二，建立村级党组织运转保证基金制度。由地方财政安排专项资金，建立村级党组织运转保证基金，并制定相应的保值增值办法。笔者在写作本书时，J 县县委、县政府研究决定，从县级财政中拨出专款，成立村级党组织运转保证基金，并划转到每个村的财务账户，同时将划拨到村

---

① 张晓山. 农村基层治理结构：现状、问题与展望[J]. 求索，2016(7)：10.

② 梁开全，贺雪峰. 村级组织制度安排与创新[M]. 北京：红旗出版社，1999：426.

③ 梁开全，贺雪峰. 村级组织制度安排与创新[M]. 北京：红旗出版社，1999：434.

的基金由村统一投放到县城市投资公司，各村按基金数额享受相应的投资红利，所得红利用于村级党组织日常工作经费。第三，中央财政在现有基础上，提高对村级的一般性转移支付额度，加大对村级党组织运转经费的支出力度。第四，建立党费使用向村级党组织倾斜的制度。现有党费上缴与留存比例存在区域性差异。如J县党费上缴省、市委党费管理机构的比例要占到60%以上，留存部分偏少。应该增加县级党费的留存比例，使其占到党费收缴总额的90%左右，以便县级有更多的党费用于村级党组织的党建经费保障。

三是建立村级党组织经费监管制度。第一，实行经费支出严格审批制度；第二，建立经费收支公开制度；第三，建立经费收支年度审计制度；第四，建立村级党组织运转经费管理追责问责制度，以切实保证村级党组织经费收支合理合规，真正起到保障村级党组织正常运转的作用。

第五章　创新村级党组织功能发挥动力建设机制

系统理论认为，任何体系的功能都是在与环境的交互作用中实现的。系统的结构方式、演化机制都表明，体系与环境的互动及其功能实现都必须依靠内部动力和外部动力的推动。从人类行为产生机制来看，内生动力是行为产生的关键动力和根本动力，决定了行为方式和行为目的。外在动力是行为产生的重要条件，在一定程度上激发了内生动力的产生①。村级党组织作为一个行为系统，其功能发挥必然需要强大的动力来保障。动力既来自村级党组织内部，也来自外部，但单纯依靠内部动力或外部动力是不够的，只有将二者结合起来，实现系统关联，才能获得动力的整体涌现性效应，为村级党组织功能发挥提供强大的动力支撑。

根据在J县调查了解到的情况，从问题导向出发，笔者认为，创新村级党组织功能发挥动力建设机制，重在创新全面从严治党在村级落实的系统动力机制、创先争优的系统动力机制、村级党组织功能发挥绩效管理驱动的系统动力机制。

① 王建国，唐辉．新时代中国共产党自我革命的内外动力及其互动——学习《习近平谈治国理政》第三卷[J]．社会主义研究，2021(1)：81.

第一节　创新全面从严治党在村级落实的系统动力机制

从严治党是马克思主义政党的本质要求，是中国共产党加强自身建设的优良传统，是推动各级党组织功能发挥的重要动力源。2014 年 10 月在党的群众路线教育实践活动总结大会上，习近平总书记首次提出了“全面从严治党”的概念。同年 12 月，他在江苏调研时，第一次将“全面从严治党”作为“四个全面”战略布局的重要组成部分并进行了阐述。习近平总书记指出：“党的十八大以来，全面从严治党取得了历史性、开创性成就，产生了全方位、深层次影响，必须长期坚持、不断前进。”①在奋力向第二个百年奋斗目标迈进的新征程上，党的各级组织和全体党员都要“牢记打铁必须自身硬的道理，增强全面从严治党永远在路上的政治自觉”②。

全面从严治党是加强和改善党的领导，巩固党的领导核心地位，提高党长期执政能力，永葆党的先进性和纯洁性的重大战略部署。全面从严治党是手段而不是终极目的，其出发点和归宿都是通过加强党的自身建设，更好地实现党的全面领导。推动全面从严治党向村级党组织延伸，在村级党组织落实，既是进一步增强村级党组织创造力、凝聚力、战斗力的根本途径，也是村级党组织功能得以发挥的重要保证。

村级党组织是一个开放系统，与一定的客观环境相依存。村级党组织只有与所处的外部环境实现物质、能量、信息交换的不断循环，才能保持有效运转，实现自身功能。从全面从严治党的视角来看，村级党组织既是全面从严治党向村级延伸的客体，又是全面从严治党在村级落实的主体。能否激发村级党组织和党员的内生动力，自觉把思想行为统一到党中央关于全面从严治党的目标、任务、要求上来，是决定全面从严治党在村级落实效果的关键。但是仅有内部动力是不够的，村级党组织所处的外部环境

① 习近平谈治国理政(第四卷)[M]. 北京：外文出版社，2022：549.

② 习近平谈治国理政(第四卷)[M]. 北京：外文出版社，2022：13

对全面从严治党在村级落实的效果具有重大影响，是非常重要的外部动力来源。其中，村庄群众和上级党组织是最为直接和重要的外部环境，上级党组织的推动，村庄群众的参与，对促进全面从严治党在村级落实，增强村级党组织功能发挥的动力有着极其重要的作用。

加强全面从严治党在村级落实的系统动力建设，重在创新全面从严治党的内部动力建设机制和外部动力建设机制，实现内部动力与外部动力的有机结合，进而形成系统性的整体动力。

一、创新全面从严治党的内部动力建设机制

辩证唯物主义认为，内因是事物发展的源泉和根本动力，它不仅决定事物发展的性质，而且规定了事物发展的基本趋势和方向。毛泽东指出：事物的发展，主要地不是由于外因，而是由于内因。村级党组织及其成员的政治自觉和实际作为，是全面从严治党在村级落实最重要的内部动力，决定着全面从严治党在村级落实的效果。只有加强村级党组织落实全面从严治党的内部动力机制建设，全面从严治党在村级落实才有坚实的基础。

(一)运用动机激发机制，增强全面从严治党自觉

动机是人类一切行为的出发点和原动力，它是一种经由个体对目标的认识，将外部诱因变成内部需要，进而推动个体去从事某种活动的内部动力系统。它对人的行为活动具有激发、导向、维持、调整等功能，在组织情境中，组织成员的行为选择、工作态度以及在实现组织目标、完成组织任务时的身心投入，都取决于其动机。

根据动机原理，要激发村级党组织成员落实全面从严治党在村级落实的动机，必须做到：

加强角色教育，增强党员角色意识。党员是一个集党性和一般人的特性为一体的多重属性人，党性是党员区别于普通人的根本特征，在党员的

人性结构中，居于最高层次，但这并不表示在党员的思想行为中，党性必然发挥统摄作用。党员是一个具有多重属性的复杂人，也是一个多重角色交织的角色丛，在他的人性结构中何种属性占据主导地位，他就会产生什么样的主导需求，就会激发与之相应的行为动机，产生内部动力。因此必须根据动机原理，运用角色管理机制加强党员角色教育，增强党员的角色意识，使每个党员首先认识到自己是党的人，党员是第一身份，增强党性观念，使党性成为统率自己思想和行为的主导人性，使党员身份在自己的多重角色中成为主导角色，把组织要求变成自己的实际需要，并进一步转化为自己的动机，外化到推进村级党组织落实全面从严治党要求的实践活动中。

加强反思教育，增强问题意识。村级党组织要组织和动员全体党员对照从严治党的要求，查找自身的问题，查找身边的问题，查找村级党组织的问题，通过查找问题，使全体党员充分认识全面从严治党在村级落实的重要性和必要性，增强紧迫感，从而激发在村级落实全面从严治党要求的强烈动机。

加强纪律教育，增强责任意识。党章规定的“四个服从”，“既是党最基本的组织原则，也是最基本的组织纪律”①。全面从严治党是一项“管全党、治全党”的系统工程，需要各级党组织和党员层层担当、人人担当、共同担当、主动担当。全面从严治党向基层延伸，在村级落实是全面从严治党和党管农村的必然要求，是发挥村级党组织功能的根本保证。抓党建是最大的政治，抓党建是最大的政绩。对于村级党组织而言，落实全面从严治党的各项目标、任务、要求，就是当前最大的政治和最大的政绩，也是对村级党组织在政治纪律和组织纪律方面铁的要求。村级党组织作为中国共产党在农村的基层组织，要牢固树立政治意识、大局意识、核心意识、看齐意识，强化纪律观念，真正把全面从严治党的要求在村级贯彻

① 中共中央文献研究室. 十八大以来重要文献选编(上)[M]. 北京：中央文献出版社，2014：766-767.

好、落实好。

(二)运用目标管理机制，细化全面从严治党要求

彼得·F. 德鲁克在1954年所著的《管理的实践》一书中首次提出了“目标管理”概念，1965年沃迪因对此概念予以进一步发展。目标管理是指设置目标，在管理过程中对这些目标加以运用，并以这些目标鉴定个人和组织的工作①。目标管理已成为各类组织普遍采用的一种管理方法和手段。对村级党组织而言，运用目标管理方法，把上级党组织下达的党建责任目标任务和要求具体化、明晰化，更有利于全面从严治党在村级落细、落实。运用目标管理机制落实从严治党要求必须做到：

科学设置目标。党中央关于全面从严治党的要求是目标设置的总遵循，县、乡党委在推动从严治党向村级延伸时所建立的党建责任制和全面从严治党在村级落实的责任清单，是村级落实全面从严治党目标责任制的基本依据，村级党组织必须以此为指导，认真制定体现全面从严治党要求并切合本村实际的从严治党目标。

细化工作责任。村级从严治党目标确定以后，要根据每个党员不同岗位及其个人特点，将村级从严治党目标进行细化分解，落实到人，并强化相应责任，使个人目标责任与村级党组织整体目标责任有机衔接。同时要推行党员从严治党责任承诺制、公示制，主动接受社会监督，促进党员履职尽责。

加强督办指导。J县县委要求全县所有村级党组织都要建立村党组织班子成员联系党员制度，保持村党组织班子成员与党员的密切联系，加强对党员履行从严治党目标责任的跟踪监督，明确村党组织班子成员对所联系党员履行党建责任制的连带责任。村党组织班子成员对所联系党员履行从严治党岗位目标责任的情况要进行跟踪督办，至少每月详细了解一次，

① 俞文钊. 现代激励理论与运用[M]. 大连：东北财经大学出版社，2014：164.

及时发现问题，帮助党员整改提高。对其他党员和村庄群众反映的涉及村党组织班子成员所联系党员的问题，党组织领导班子成员要及时向所联系党员及时反馈，并监督其改正。

(三)运用行为强化机制，增强全面从严治党实效

强化理论认为，人的行为是引入结果的函数。运用强化机制可以激发组织成员的内部动力，正强化就是奖励那些符合组织目标的行为，从而使这种行为得到加强。负强化就是惩罚那些不符合组织目标的行为，从而减少这种行为①。运用强化理论，建立赏罚分明的奖惩机制，有利于树立明确的目标行为导向，提高党员的主观能动性，增强全面从严治党在村级落实的内部动力。

要严格按照党建目标责任制的规定标准进行平时考评和年终考评，严格按星级"评定标准"进行党员星级评定。要保证考评过程的严肃性、规范性和结果的公正性。要注重结果的运用，严格按考评结果兑现有关的奖惩措施。

二、创新全面从严治党的外部动力建设机制

辩证唯物主义认为，在事物的发展变化中，虽然内因是第一位的因素，但并不能因此而否定外因的重要作用。从政治系统的视角来看，村级党组织是一个开放系统，其存续与功能的发挥，必须依赖与外部环境的物质、能量、信息交换。管理心理学研究表明，外部动力在一定条件下，也可以转化为内部动力②，外部动力的强弱在一定程度上影响着全面从严治党在村级落实的效果。从村级党组织的特性及所处环境来看，上级党组织

① 张德. 组织行为学[M]. 北京：高等教育出版社，2011：205.

② 刘永芳. 管理心理学[M]. 北京：清华大学出版社，2016：61.

和村庄群众是从严治党在村级落实的最直接、最现实、最重要的外部动力源。上级党组织的强力推动和人民群众的积极参与是全面从严治党在村级落实的重要保证之一。

从笔者在J县调查了解到的情况看，推动全面从严治党向村级延伸，是各级党组织的主业主课和第一位的政治责任，本应高度重视，主动作为，积极作为，但少数乡、村党组织片面追求显性政绩，唯GDP论英雄的激情不减，忽视、淡化党的建设工作，推进全面从严治党在村级落实不力，图形式，搞花架子，创新“新而不实”，做给上级看的多，针对自身实际、适应群众需求的少①，致使村级党的领导弱化、党的建设缺失，村级党组织存在的一些突出问题长期得不到解决，少数村级党组织不再进行实质性党建②，党建工作文牍化、形式化，党建“虚化”现象比较严重，党组织和党员联系不紧密，成为“两张皮”③。有的迫于上级压力，用形式主义的方式，通过做表面文章予以应付。如有的地方党组织通过编造假的宣传报道、假的汇报材料骗取荣誉和表彰，所谓的“经验”，不过是用来宣传和应付考核检查的④，有人把典型引路、以点带面的工作方法异化为只造盆景，不育“森林”，热衷于在主要交通要道、领导联系点培植“路边花”，有的在检查考评中通过托人情、走关系、送钱物等形式“做工作”获取高分，对全面从严治党在村级的落实以及党组织自身形象造成了极为严重的负面影响。少数村级党组织自我封闭，忽视群众在从严治党中的作用，有的因为自身不过硬，不敢直面群众的批评和建议，将群众隔离在从严治党的门外，影响了从严治党的效果。因此，加强从严治党的外部动力机制建设应该引起各级党组织的高度重视。

---

① 北京党建研究基地课题组. 北京郊区县基层党建工作创新情况的调查与思考[J]. 中国特色社会主义研究，2007(2)：87-88.

② 魏小换. 我国村级党组织能力建设研究[D]. 大连：大连海事大学，2014：11.

③ 张露露，任中平. 当前农村基层党组织建设的困境与突破[J]. 理论导刊，2015(11)：48.

④ 胡序杭，万慧进. 农村基层党建领导体制与工作机制探析[J]. 长白学刊，2008(4)：113.

加强从严治党在村级落实的外部动力机制建设，重在创新，重点要从两方面入手：

（一）创新上级党组织领导的整体推进机制

党的十八大以来，习近平多次强调各级党组织要强化从严治党的政治责任，推动全面从严治党向基层延伸，形成大抓基层的鲜明导向，推动基层党组织全面进步全面过硬。习近平对于基层党建工作的要求赋予了农村基层党建工作新的内涵，是推动全面从严治党在村级落实的基本遵循。实现村级党组织“全面进步、全面过硬”的目标，要求上级党组织特别是县、乡党委必须运用系统思维和系统方法，通过整体责任体系的建立、实施过程的检查督办、实施结果的奖惩问责之间的整体关联，构建全面从严治党在村级落实的整体推进机制，形成整体合力。

坚持问题导向。县、乡、村各级党组织负责人要做到“三个走遍”，全面调研村级党建工作的整体状况。J县每年都组织县、乡、村三级党组织书记开展“三个走遍”行动，县委书记带头，在任期内走遍全县所有行政村，乡镇党委书记实行每季度一次走遍乡镇范围内的行政村，村级党组织书记每年走访所有农户一次以上。通过“大走访”全面了解村级党建工作现状和党员、群众的意见与建议，对照上级关于全面从严治党在村级落实的要求，进行分析研究，列出问题清单，制定整改措施。

构建从严治党责任体系。J县县、乡党委将大走访、大调研发现的问题以及上级关于全面从严治党在村级落实的要求转化为从严治党工作目标，列入村级从严治党的目标责任书。同时，构建层次分明、互相关联的整体责任系统，明确县、乡、村党组织的主体责任，县、乡纪委的监督责任，县、乡、村党组织书记抓村级全面从严治党的第一责任，县委、县政府、县人大、县政协领导班子联镇（乡）包点（行政村）的责任，县直部门结对联村的责任，以及乡镇领导班子成员和村“第一书记”的包村责任。

构建多种形式的检查督办机制。一是暗访检查机制。J县县委书记每月坚持三次以上的入村暗访，暗访对象随机确定，事先不通知乡、村干部，离开前通知乡、村干部到场，由书记和参与暗访的人员进行现场点评。县委还安排由县委督查室、县委组织部组成的督查专班，对村级党组织进行暗访检查并进行全程录音、录像，在每月召开的全县落后工作督办会和有关党建工作会议上进行播放。二是建立考评推动与巡视督查相结合的机制。由县委组织部牵头开展村级党建工作月度自查和双月考评活动，发现问题及时提出，帮助改正。同时把村级党组织落实全面从严治党的情况作为党内巡视的重要内容，由县委巡察组进行督查。三是典型推动机制。实行先进典型示范推广和后进典型解剖会诊相结合方式进行推动。J县每年都要在年中和年底召开村级党组织落实全面从严治党现场会，选取先进和后进典型村各若干个，总结推广先进村的经验，解剖会诊存在的问题和原因，对促进全县村级党组织落实全面从严治党要求起到了较好的推动作用。

构建问责追责的整体关联机制。J县县委明确要求：对村级党组织落实全面从严治党目标责任不力的，除村级党组织书记、“第一书记”、村级党组织分管班子成员要承担相应责任外，还要对乡镇党委书记及党委分管班子成员及包村的县、乡干部进行追责问责，根据责任大小给予相应的纪律处分或在年度绩效考核中进行扣分或予以组织处理。对整乡镇推进村级落实全面从严治党不力的，除追究乡镇党委书记、乡镇分管班子成员和乡镇纪委书记的责任外，联系该乡镇的县领导也要承担关联责任。县级党委推进全面从严治党在村级落实不力，受到上级批评或在相关考核中排名靠后的，县委书记及分管副书记、组织部长、纪委书记都要承担相应责任。

(二)创新依靠群众开门治党的促进机制

实行开门治党，尊重人民群众的主体地位，充分调动和发挥人民群众的积极性，促进各级党组织和党员解决自身存在的问题，是全面从严治党的必然要求。第一，它是权力赋予主体与客体之间的逻辑必然。马克思在总结巴黎公社经验时，提出了“人民公仆”的思想。以毛泽东为代表的中国共产党人坚定地认为，党的一切权力都是人民群众赋予的，党代表人民群众行使权力就必须接受人民群众的监督，而绝不能违背人民的意志。习近平曾经说过：“群众提出的意见只要对从严治党有好处，我们就要认真听取、积极采纳。”①第二，人民群众具有无穷的伟力，是马克思主义政党必须予以重视和依靠的力量。习近平指出：“人民群众中蕴藏着治国理政、管党治党的智慧和力量，从严治党必须依靠人民。”②有学者总结苏共亡党的经验教训时认为，对于各种损害人民群众利益的歪风邪气和错误潮流，群众在一定条件下、一段时间内可能会无能为力，显得风平浪静，但在特定条件下，有可能掀起巨浪，翻江倒海③。一些西方学者也认识到群众参与对遏制腐败的重要作用，杰瑞米·波普认为：“没有人民的帮助和支持，政府不可能独自驯服腐败。”④第三，依靠人民群众实行开门治党对推进全面从严治党向基层延伸具有独特的价值。有学者认为，从现实情况来看，党和国家权力监督体系的基本特征是“体制内”一种权力对另一种权力的制衡和约束，但同体监督容易使监督与被监督者之间形成利益共同体，降低监督的效能⑤，同时，在体制性监督体系中，监督者总是处于少数地位，相对而言，人民群众人多势众，比较优势更大⑥。人民群众的监督还具有直接性和广泛性的特点。习近平指出：“群众的眼睛是雪亮的，群众的意

---

① 中共中央党史和文献研究院. 习近平关于全面从严治党论述摘编[M]. 北京：中央文献出版社，2021：394.

② 十八大以来重要文献选编(中)[M]. 北京：中央文献出版社，2016：101.

③ 李慎明. 居安思危——苏共亡党二十年的思考[M]. 北京：社会科学文献出版社，2011：48.

④ [新]杰瑞米·波普. 制约腐败[M]. 清华大学公共管理学院廉政研究室，译. 北京：中国方正出版社，2003：194.

⑤ 李涛，刘雪焕. 扩大公民有序政治参与，完善权力监督制约机制[J]. 政治学研究，2008(3)：13.

⑥ 黎瑞. 完善公民监督公共权力的效能保障机制——以群众监督对接和助推反腐机关组织监督为视角[J]. 求索，2017(6)：86.

见是我们最好的镜子。”①村级党组织处于农村一线，与群众朝夕相处，群众对党员干部的一举一动看得十分清楚②，因而也最有发言权。第四，开门治党是获取人民信任和认同的重要保证。人心向背是最大的政治，人民满意是党的一切工作的最高标准。通过开门治党，接受群众监督，经常听取群众的意见、建议和批评，有利于及时防范和遏制腐败现象的滋生。现实中发生在村级党组织领导班子成员与党员身上的不正之风和腐败现象大多数是以损害和牺牲群众切身利益为代价的，群众对此最为敏感、最为痛恨，开门治党有利于发挥群众参与反腐的积极性，依靠群众及时发现和制止腐败行为，切实维护好群众的利益，获得群众的信任和支持。

从组织生态理论的视角来看，任何组织都不能仅限于自我完善，而要主动地融入到社会环境中去，寻求环境的支持。林尚立认为，党的基层组织存在于社会中并直接受社会影响与决定，所以党的基层组织不能独立于社会之外搞自我建设③。高新民认为，在社会独立性日显的背景下，关起门来搞党建难以对群众产生影响，从而使活动本身失去意义④。这些研究都指出了构建开门治党的机制是非常必要的。在村级实行开门治党对于促进党员及干部的自我约束、自我完善、自我提高，创造群众参与的良好环境和秩序，减少和避免社会矛盾的激化和“抗争性”事件的出现，促进全面从严治党在村级落实，增强村级党组织功能发挥的动力，具有特别重要的作用。但是，有少数村级党组织或者因为群众观念不强，或者因为自身不过硬，存在着不想“开门治党”，不敢“开门治党”的现象，削弱了全面从严治党在村级落实的效果，影响了村级党组织功能的发挥。因此，构建开门治党机制，保证人民群众监督权利的行使，提高全面从严治党在村级落实

① 中共中央党史和文献研究院. 习近平关于全面从严治党论述摘编[M]. 北京：中央文献出版社，2021：394.

② 龙国栋. 用好群众监督的探头[N]. 中国纪检监察报，2016-03-03.

③ 林尚立. 基层组织：执政能力与和谐社会建设的战略资源[J]. 理论前沿，2006(9)：7.

④ 高新民. 建设“三型”马克思主义执政党——党建目标新定位[J]. 中国党政干部论坛，2013(2)：73.

的效果，增强村级党组织功能发挥显得十分迫切和必要，为此必须做到：

充分保证人民群众的知情权。知情权是群众行使监督权的基础和前提。村级党组织是村庄各种组织和各项事业的领导核心，实行党务、政务、村务全方位、全领域公开成为村庄群众对村级党组织和党员进行监督的必要条件之一。实践证明，实行党务、政务、村务公开，是保证村庄群众有效参与全面从严治党在村级落实的重要措施。实行村级党务、政务、村务公开的要求已经提出多年，上级党组织也大力进行推动，但仍有少数村存在事项公开不全面、内容公示不全面、公开时间不及时、公开手段单一等问题，有少数村甚至采取形式主义的方式来“应付”上级，引起村庄群众的猜忌和不满，导致干群关系紧张，党支部威信下降。因此，必须构建有效的党务、政务、村务公开机制，为人民群众行使监督权，促进从严治党创造良好的条件。

畅通群众参与从严治党的渠道。要坚持党员联系群众制度，通过上门走访，面对面交流等多种形式了解、搜集群众意见，掌握群众情况。要通过在村党员群众服务中心和各村民小组设立固定信箱、开通网站、建立微信群等方式，拓宽群众意见表达的渠道。要畅通信访、申诉、控告、举报等渠道。毛泽东非常重视通过群众信访渠道促进管党治党工作，他指出，要“从处理人民来信入手，检查一次官僚主义、命令主义和违法乱纪分子的情况，并向他们展开坚决的斗争”①。习近平总书记强调要让群众“有安全畅通的举报渠道”②。目前重点要解决好少数县、乡、村党组织特别是乡、村党组织对待群众反映问题存在的错误态度和行为。如视信访、举报、申诉、控告为“不稳定”根源，采取排斥态度，不做深入调查了解，不着眼于从根本上解决问题，而是采取层层转办的办法，将群众反映的问题简单地转回基层，或者采取各种强制或经济手段予以“摆平”。我们要把吸纳群众意见、切实化解矛盾的要求细化到相应的责任制之中，并以相应的

① 建国以来重要文献选编(第4册)[M]. 北京：中央文献出版社，1993：10.

② 中共中央党史和文献研究院. 习近平关于全面从严治党论述摘编[M]. 北京：中央文献出版社，2021：394.

追责问责机制进行约束。

建立村级党组织活动开放制度。让人民群众参与党的组织活动，增进人民群众对村级党组织和党员以及党内生活的了解，提出批评和建议，是开门治党的一个重要途径，也是中国共产党加强自身建设的一条重要经验。毛泽东曾经指出："一切党的支部，在其讨论有关群众利益的问题的一切会议上，包括党的批评检讨会议在内，均应有党外群众参加……使党内一切好的与坏的现象暴露于群众之前，为群众所监督，为群众所批评或拥护。"①党的十八大以来，习近平更加重视人民群众通过参与党的组织活动来加强对党组织和党员的监督作用。在党的群众路线教育实践活动中，习近平强调："要坚持开门搞活动……每个环节都组织群众有序参与，让群众监督和评议，切忌'自说自话、自弹自唱'，不搞闭门修炼、体内循环。"②有学者指出，"政治信任度与政治接触的频率是正相关的"③，通过活动开放，可以提升群众对村级党组织的信任度。

一是要建立组织活动开放制度，重点要建立组织活动定期开放和不定期开放相结合的制度。每年年初支部讨论工作计划，年中支部进行半年小结，年末支部进行工作总结和召开党员民主生活会，都要对群众进行制度化开放，请群众参与上述活动，发表意见和建议，对其他组织活动也可不定期地请群众参加。

二是要建立党员和群众代表联席会议制度。对村中的重大事项和群众关心的热点、焦点及其他关注的问题，通过联席会议进行讨论、决策。要拓宽群众参与党务活动的制度化渠道，在村级党组织领导班子选举、党员发展、党员评议、评星定级中实行党员、群众"两票制"，充分吸纳和尊重民意。

---

① 中共中央文献研究室. 毛泽东年谱(1893~1949)(下)[M]. 北京：中央文献出版社，2013：286.

② 习近平谈治国理政[M]. 北京：外文出版社，2014：378.

③ Hibbing J, Christopher L. What the America Public Wants Congress to Be[M]. Washington Press，2004：55-75.

三是要建立对群众意见和建议的回应整改制度。对群众的意见和建议，党组织要督促党支部和党员积极整改落实，并将整改落实的情况向群众公示，请群众进行再监督，确保群众满意。

第二节　创新创先争优的系统动力机制

村级党组织是功能发挥的载体，党员是村级党组织的结构性主体，是功能发挥的主体力量。创新创先争优系统性动力机制，是增强村级党组织功能发挥动力的重要途径。

创先争优，即创建先进基层党组织，争做优秀共产党员。作为改进和加强基层党建的一项重要工作，其在2007年10月党的十七大上正式提出，2010年4月，中央组织部和中央宣传部联合出台了《关于在党的基层组织和党员中深入开展创先争优活动的意见》，中共中央办公厅在2010年10月对文件进行了转发。2012年9月中央创先争优领导小组印发了《关于党支部建立创先争优制度的指导意见》，党的十九大把“积极创先争优”作为基层党组织的基本任务之一写进了党章。

创先争优是增强基层党组织和党员的先进性与纯洁性，推进基层党组织全面进步、全面过硬的重要载体，是推动村级党组织功能实现的重要动力。但从以往经验来看，创先争优活动仅凭自己的力量是不够的，仅仅靠党员干部的道德修养和工作自觉也是不行的，必须同时发挥村级党组织和上级党组织的积极性，加强与群众的互动，重点是要创新：创先争优的横向联动动力机制、创先争优的纵向联动动力机制、创先争优与三级联创联动的长效动力机制。

一、创新创先争优的横向联动机制

构建创先争优的横向联动机制，是指在创先争优的过程中，充分激发村级党组织、党员和村庄群众的积极性，实现三者之间的有效联动。村级党组织和党员是创先争优的主体，创先争优必须充分发挥村级党组织和党员的作用，这是创先争优取得实效的基本前提和首要条件。村级党组织是一个开放系统，创先争优离不开村庄群众的参与、支持。因此，村级党组织不能关起门来搞活动，必须构建村级党组织、党员、群众横向联动的动力机制。

构建村级党组织横向联动机制必须通过搭建一定的载体来实现，综合全国各地开展创先争优活动的经验，结合J县的实地考察，笔者认为，开展星级评定活动能够较好地实现村级党组织、党员、群众之间的联动，促进创先争优活动的开展。村级党组织评星定级活动是指把村级党组织创先争优的目标要求细化为星级评定的具体标准，将村级党组织和党员分别评定为若个星级等次，以评星定级为载体构建创先争优的横向联动机制，其主要途径是：

(一)开展评星定级活动，实现村级党组织争创先进和党员争做优秀目标建构的联动

党员是村级党组织的结构性主体，也是党组织各项活动开展和落实的主体力量，党员争做“优秀”是创先争优的必然要求和重要组成部分，党组织争创先进必须建立在党员争做优秀的基础之上。但是党员争做优秀不能仅仅依靠党员的自觉，村级党组织必须加强对党员的教育、监督、引导和管理，通过党组织和党员创星活动的同步开展，促进党员“争星晋位”，既可以通过党员争“优秀”促进党组织创先进，又可以通过党组织创先进激发党员争优秀的内生动力，提升党员队伍的整体素质。同时创先争优以党组织和党员创星为总体目标，同步推进，可以更好地发挥目标导向的引领和促进作用。

(二)构建“创先争优+”的机制，实现村级党组织、党员与群众在创先争优实践活动中的联动

在星级评定中构建“创先争优+”的机制，就是要使创先争优不仅仅作

为一种活动方式，而且要使创先争优成为推动村庄各项工作的重要手段，充分发挥村级党组织的领导功能和党员的先锋模范作用，凝聚群众力量。构建“创先争优+”的机制，一是要构建创先争优+自身建设的机制，要通过创先争优促进自身建设，建强村级党组织，建强党员队伍。二是要构建创先争优+村庄发展的机制，把创先争优与乡村振兴结合起来，通过创先争优，使党组织和党员在村庄的政治、经济、社会、文化、生态文明建设中充分发挥作用，并带动村庄群众积极参与，形成推动发展的联动动力。三是要构建创先争优+服务群众机制。创先争优的根本目的是更好地为人民群众服务。要通过优质服务，增强群众的获得感、幸福感和满意度，在服务群众中增强党组织的凝聚力、影响力、号召力、组织力。

（三）完善民主参与程序，实现村级党组织、党员和群众在考核评价中的联动

党员星级评定通过采取承诺争星、自我议星、党员评星、群众议星、党组织定星的办法实行村级党组织、党员和群众之间的联动。承诺争星即年初党员根据评星标准，填写党员承诺书，确定争星目标；自我议星即党员对照评星标准，采取打分或个人认定等形式开展自评并报送村级党组织；党员评星即村级党组织召开党员大会，对党员的现实表现、自我议星情况进行通报，组织党员开展互评并填写测评表；群众议星即村级党组织组织群众代表对每名党员的争星情况进行评议并填写测评表；党组织定星即村级党组织综合党员自评、互评和群众评议的情况，召开支部委员会进行综合评定，划分等级。

村级党组织星级评定采取评前公示、村党组织自评、党员群众评定的办法，也是实现村级党组织、党员、群众联动的桥梁和纽带。评前公示即村党组织在星级评定之前对一年来的工作情况进行全面总结，并将总结材料通过多种方式进行公示。村党组织自评，即由村党组织召开支部委员会对照星级评定标准，结合村级党组织一年来的工作，进行自我等级评定；

党员群众评定，即由村党组织召开党员大会与群众代表联席会议，由党员、群众对照星级评定标准，根据村党组织工作开展的情况进行评定，将党员群众的评定结果作为定星的依据。

二、创新创先争优的纵向联动机制

构建创先争优的纵向联动机制，是指发挥上级党组织的领导力、组织力，引导、推动村级党组织创先争优，实现上级推动与村级党组织自身努力的有机结合。三级(县、乡、村三级党组织)联创是改革开放以来，从实践中积累并为实践所证明的推动基层党建的行之有效的工作方法。1994 年 10 月，中共中央下发了《关于加强农村基层组织建设的通知》，提出了基层党组织建设“五个好”目标，围绕这一目标，各地开展了一系列实践活动。2003 年 9 月，中共中央下发了《关于深入开展农村党的建设“三级联创”活动意见》，对活动的指导思想和原则、活动的目标和要求做出了更明确的规定，并把村级党组织、乡镇党委三级联创的目标统一规范为“领导班子好、党员干部队伍好、工作机制好、小康建设业绩好、农民群众反映好”，将三级联创活动的内容规范为创建“五个好”村级党组织，“五个好”乡镇党委和农村基层组织建设先进县，并明确了三级联创的方法、路径，三级联创得到了广泛的推广。

三级联创与创先争优虽然是党的基层组织建设的两种活动载体，但二者之间具有内在关联。创先争优是三级联创的基础和重要组成部分，没有村级党组织创先争优活动的开展和目标的实现，三级联创就是空中楼阁。三级联创是一种以上促下、上下联动的党建活动载体，具有县—乡—村层级引领和层级推动的作用，是创先争优活动的重要外部动力。实行创先争优与三级联创的有机联动，使之形成系统性整体动力，更有利于村级党组织功能的发挥。

在村级层面，建强村级党组织、建强党员队伍(通称“双强”)必须综合运用三级联创、创先争优这两种手段。其中创先争优是实现“双强”目标的核心和关键，同时，创先争优活动必须依靠三级联创的牵引和推动。三级联创作为推动“双强”目标实现的外部动力，要与村级党组织创先争优的内部动力有机互动，才能形成系统性整体动力。

笔者在J县调查时了解到，虽然三级联创、创先争优这两种工作方法在村级党组织建设中得到了不同程度的运用，但少数村级党组织取得的实际效果却不能令人满意，其主要原因是活动碎片化、短期化、形式化的问题比较突出。一是碎片化。没有将三级联创与创先争优两项活动加以整合，形成系统，而是把它作为单项工作来推进，来完成，不能形成整体合力。二是短期化。三级联创、创先争优活动，一般都是以中心工作的形式通过阶段性的短期集中活动来展开和完成，没有建立常态化、长效化机制。三是形式化。少数村级党组织由于缺乏内生动力，往往采取做表面文章、搞形式主义的方式来应付上级的压力。理论和实践都表明：运用系统思维，树立整体观念，在创先争优与三级联创之间建立制度性关联，实现创先争优与三级联创之间的整体联动，形成系统性动力，成为增强村级党组织功能发挥动力的必然选择。

三、创新创先争优与三级联创联动的长效机制

笔者在J县调查时发现，少数村级党组织开展的创先争优活动往往呈现出阶段化和短期性的倾向，同时三级联创的活动周期一般为两年，也存在平时抓而不紧，只有在临近上级党组织检查验收时才比较重视的情况，致使三级联创与创先争优结合不够紧密，创先争优的外部动力不够持久。因此，构建创先争优与三级联创整体联动的长效机制就显得尤为重要，主要应从以下几个方面入手：

加强对党员干部的政治引领和思想教育。政治引领是一种约束动力，思想教育是一种内部激励。要把对村级党组织班子成员和全体党员的政治引领和思想教育有机结合起来，使全体党员认识到村级党组织创“先进”，党员争“优秀”是党章对党员的基本要求，是全面从严治党所内含的政治任务，是保持党组织和共产党员先进性，充分发挥党组织功能的重要途径，

也是赢得群众的认可与支持，凝聚广大群众的需要，从而增强村级党组织和党员创先争优的思想动力。

建立星级评定的反馈调节机制。对于党员群众在星级评定中对村级党组织提出的意见、建议，村级党组织要制定整改方案并予以公示，主动接受党员群众的监督，彻底进行整改。村级党组织对党员、群众在星级评定中对党员个体提出的批评意见和建议以及党员星级评定的结果，要及时反馈给党员本人，帮助和督促党员制定改进措施。

运用奖惩机制。对创先争优活动中涌现出来的先进典型要进行表彰宣传并给予一定的物质奖励，营造良好的创先争优氛围。对星级评定等次较低的党员，村级党组织要进行重点管理，由党组织成员对其结对帮助，实行教育转化，对长期处于低星级水平的党员，要疏通出口，劝其退党。同时，要以党内的创先争优活动带动村庄群众开展“好村民”“好家庭”创建，在村庄形成积极向上的文化氛围。

建立创先争优与三级联创联动的制度化机制。运用制度的长期性、稳定性、约束性来保证创先争优与三级联创同频共振，使之常态化、长效化。

第三节　创新村级党组织功能发挥绩效管理驱动的系统动力机制

管理学认为，绩效是指组织期望的结果，是组织为实现其目标而展现在不同层面的有效输出①。所谓组织功能发挥绩效管理，是指识别、评价、干预组织功能发挥的实际成效以实现组织目标的过程。赫尔曼·阿吉斯认为绩效管理是持续性的，它包括从设定目标和任务，观察绩效，再到提供、接受指导和反馈这样一个永不停止的过程②。

功能是结构的属性。任何组织都具备一定的功能而且以功能发挥的有效

① 马作宽. 组织绩效管理[M]. 北京：中国经济出版社，2009：2.

② [美]赫尔曼·阿吉斯. 绩效管理[M]. 刘昕，等，译. 北京：中国人民大学出版社，2013：4.

性为其存在与发展的价值和基础，马克思、恩格斯指出：政治统治到处都是以执行某种社会职能为基础的，而且政治统治只有在它执行了它的这种社会职能才能持续下去。毛泽东提出了检验政党作用的“生产力标准”，他说：“中国一切政党的政策及其实践在中国人民中所表现的作用的好坏、大小，归根到底，看它对中国人民的生产力的发展是否有帮助及其帮助之大小，看它是束缚生产力的，还是解放生产力的。”①李普塞特②及龙太江、王邦佐③等中外学者都认为政治组织的有效性是其政治合法性的重要来源。村级党组织作为中国共产党在农村的基层组织，其特定的角色地位，使得其功能发挥的绩效不仅关系到自身的生存和发展，而且事关党在农村实行领导和执政的组织基础、群众基础和社会基础能否巩固，关系到党管农村能否实现。

创新村级党组织功能发挥绩效管理驱动机制对村级党组织功能发挥具有重要意义。第一，它通过构建科学的评价体系，为村级党组织确立了运行导向；第二，它通过对村级党组织功能发挥绩效的考核评价，能够掌握功能发挥的现实状况与目标要求之间的差距，从而激发绩效改进的动力；第三，它通过对村级党组织功能发挥的考核评价以及对功能发挥绩效“实然”与“应然”之间差距的原因分析，可以刺激村级党组织制定相应的干预措施并组织实施，促进村级党组织通过变革实现自我完善和自我提高，更好地发挥自身功能。

一、创新功能发挥绩效的评价体系

“对于任何事物的评价首先要建立科学合理的评价指标体系。”④对于

---

① 毛泽东选集(第3卷)[M]. 北京：人民出版社，1991：1079.

② [美]西摩·马丁·李普塞特. 政治人：政治的社会基础[M]. 张绍宗，译. 上海：上海人民出版社，2011：49.

③ 龙太江，王邦佐. 经济增长与合法性的“政绩困局”——兼论中国政治的合法性基础[J]. 复旦学报(社会科学版)，2005(3)：169-171.

④ 高振岗. 党内政治生态的评价指标体系构建及实践优化[J]. 探索，2017(1)：102.

村级党组织而言，科学的功能发挥绩效评价体系能够正确反映组织的价值取向，对组织及其成员的行为进行引导和约束，是改进和提高村级党组织功能发挥效能的重要措施和有力工具。村级党组织功能发挥绩效评价体系的创新要体现科学化。首先必须将村级党组织功能发挥绩效这一抽象概念操作化为可观察的具体指标，风笑天认为，所谓操作化就是将抽象概念转化为可观察的具体指标的过程①，用可以观测到的客观事实进行功能发挥绩效的评价，主要包括三个方面：①决定概念定义。②列出概念维度。③确定发展指标。

村级党组织功能发挥绩效是指村级党组织功能外显化的过程和结果。村级党组织功能是一个由根本功能和基本功能以及各种功能要素相互联系、相互影响、相互作用而构成的一个有机系统，这是建构村级党组织功能发挥绩效评价体系基本架构的理论基础。政治功能是村级党组织的根本功能，它外化为若干基本功能，可以视作功能发挥绩效评价体系的基本维度，基本功能包括自身建设功能、领导功能、服务功能等，又包含若干功能要素，可以视作评价体系的指标，基本功能的每一方面包含的要素都非常丰富，组织功能发挥绩效评价指标的设立只能根据实际择其对组织功能发挥关联度最大的方面来进行衡量。根据现阶段村级党组织政治活动开展的现实，自身建设功能主要从党员队伍建设、村级领导班子建设、村级党组织的政治生态建设等方面来衡量，领导功能主要从政治领导、思想引导、组织群众、社会号召等方面作用的发挥来进行考量，服务功能主要从服务态度、服务质量、服务效率等方面来衡量。由于“指标是变量在经验层次上的一种体现，因而它同样具有变量的特征”，“一个指标会有若干个不同的取值”②，因此村级党组织功能发挥绩效评价体系指标的取值要坚持一切从实际出发，根据村级党组织功能发挥的具体实际来确定。

---

① 风笑天. 社会研究方法(第 4 版)[M]. 北京：中国人民大学出版社，2013：85.

② 风笑天. 社会调查方法(第 4 版)[M]. 武汉：华中科技大学出版社，2009：103.

二、创新功能发挥绩效的考核评价

实施考核评价是功能发挥绩效管理的中心环节，它通过对组织输出过程和结果的了解，能够发现组织功能发挥的现实状况及其与组织预期的差距，可以刺激组织调整相应的管理策略，增强组织功能发挥动力。同时，考核评价也可视为一个对组织功能发挥绩效进行诊断的过程，是制定绩效干预措施的基础。欲在实施村级党组织功能发挥绩效考核的过程中实现创新，主要应做到：

（一）保证多元化主体的参与

从系统论的视角来看，村级党组织功能发挥是在村级党组织与外部环境的互动中实现的。因此，村级党组织功能发挥绩效的评价应包括自我评价与外部评价两个部分，其中党员是村级党组织的结构性主体、权力主体和实践主体，因此村级党组织功能发挥绩效自我评价的主体可以由党员来承担。外部评价主体应该由那些对村级党组织功能发挥有着重要影响作用，同时其利益实现也受村级党组织功能发挥绩效直接影响的外部群体和组织来承担。对村级党组织而言，乡镇党委、政府和村庄群众是最重要的外部环境。因此，外部评价主体应主要由乡镇党委、政府和村庄群众来承担。

笔者在J县调查时了解到，少数乡镇对村级党组织的绩效考核往往忽略村庄群众的主体地位，降低了功能发挥绩效考核的信度。由于乡镇党委和政府在组织架构、人员配置、工作安排等方面都存在深度融合，因此，村庄群众在对村级党组织绩效考核中的“不在场”，造成村级党组织的考核只存在事实上的单一考核主体——乡镇党委政府。这种考核主体的结构是不科学的。第一，从权力赋予的角度来看，村级党组织承担着“三重代表”的角色，必须接受所有被代表者的考核与评价，因此，村级党组织既要接受乡镇党委和政府的考核，又要接受村庄群众的考核。第二，从绩效评价信息来源的广泛性和有效性来看，由于村级党组织功能发挥是一个动态的过程，乡镇党委和政府不可能拥有村级党组织功能发挥绩效的完整信息，而村庄群众作为村级党组织的服务和依靠对象，他们既是功能发挥绩效的受益者，也是重要的见证者，他们对村级党组织功能发挥绩效最有感受也最有发言权。第三，从价值取向来看，村级党组织功能发挥的起点和归宿都是为了满足群众对美好生活的追求，而满足的程度如何，只有通过群众的评价才最现实也最有意义。第四，从系统论的角度来看，作为村级党组织重要的外部环境要素，村庄群众也必须作为村级党组织功能发挥绩效的评价主体。因此，村级党组织功能发挥绩效考核评价主体应该是一个由党员、群众和乡镇党委、政府组成的多元化主体，缺一不可。只有这样才能使村级党组织功能发挥绩效考核评价的信息来源更丰富、更客观，从而保证评价结果的真实性和准确性。

(二)制定科学的考评标准

村级党组织功能绩效考核的主体是一个由村庄群众、乡镇党委和政府、村庄党员组成的多元系统，以什么标准来评价村级党组织功能发挥绩效成为一个现实难题。笔者认为，要建立科学的评价标准，必须做到：

坚持以“人民满意”为基本价值取向和根本标准。毛泽东早就指出：“共产党人的一切言论行动，必须以合乎最广大人民群众的最大利益，为最广大人民群众所拥护为最高标准。”①新时代背景下，习近平多次强调要以人民为中心，尊重人民群众的主体地位，坚持党性与人民性相统一，提出了检验党的各级组织工作绩效的“人民标准”。他指出：“检验我们一切工作的成效，最终都要看人民是否真正得到了实惠，人民生活是否真正得

① 毛泽东选集(第3卷)[M]. 北京：人民出版社，1991：1096.

到了改善，人民权益是否真正得到了保障。”①从无产阶级政党的本质来看，无产阶级政党的一切活动都是为人民群众谋利益的活动，为人民服务是中国共产党的最高价值追求和根本宗旨，评价村级党组织功能发挥绩效只能以村庄群众满意为根本标准。

积极发挥反馈作用，实现评价标准的一致性。村级党组织作为功能发挥的主体和功能发挥绩效考核的客体，要充分利用“三重代表”身份的优势，坚持以“人民满意”标准为价值取向，对多元考核主体存在的评价标准与“人民满意”标准相冲突、相违背的内容，村级党组织要向相应的评价主体进行反馈，如向乡镇党委、政府甚至向更高层次的党的组织如实反映群众意愿，使上级党组织主动对有关的政策、行动和村级党组织功能发挥绩效的评价标准进行调适，保持与“人民满意”标准的协同性、一致性。

（三）创新科学的考评方法

一些研究者如魏小换②、严宏③、赵璐④等指出了农村基层党建考核中的诸多弊端。笔者在J县调查时也发现了在村级党组织绩效考核中存在的方法上的问题：一是缺乏对村级党组织具体情况的具体分析，考核标准单一，用一个尺度去衡量有着各种不同实际情况的村级党组织，没有设计与之相应的更有针对性的考核指标和衡量标准。二是考核内容有失偏颇。只注重乡镇党委、政府所安排的工作，集中体现乡镇党委、政府的偏好，而忽视了对群众需求满足状况的考核。三是忽视过程考核。重静态，轻动态，考核主要针对行为结果而忽视了行为过程。四是重量化考评、痕迹考

① 在纪念毛泽东同志诞辰120周年座谈会上的讲话[M]. 北京：人民出版社，2013：19.

② 魏小换. 我国村级党组织能力建设研究[D]. 大连：大连海事大学，2014：15.

③ 严宏. 服务型马克思主义执政党建设：基于党政关系的分析[J]. 探索，2013（3）：29.

④ 赵璐. 论新形势下基层党建工作的“破”“立”统一[J]. 学习论坛，2017，33（5）：19.

评，忽视了对考核结果所产生的效果及真实性的验证。在实际操作中，往往聚焦于各种汇报材料、表格台账和所谓的“数据”，导致考核评价结果看似有根有据但实际上却严重失真，助长和滋生了形式主义、弄虚作假等现象，严重降低了村级党组织的公信力。如果这种现象得不到彻底纠正和根除，村级党组织建设就会失之于空，在“一片大好”的误判中，进一步“弱化”“虚化”，动摇和破坏党在农村的组织基础、群众基础，造成极为严重的政治后果。因此，必须从改革现行考核方法入手，发挥考核评价对村级党组织建设和功能发挥的促进作用。

一是要坚持普遍性和特殊性相结合。在考核评价中坚持普遍性是指坚持对村级党组织功能发挥的共性要求。而对于功能发挥的具体状况即特殊性，则要具体问题具体分析。比如考核评价发展集体经济的绩效，有的村本身就有一定基础，就应该着重考核其集体经济增长和壮大的情况。有的村本来是“空壳”村，就要着重考核其创办与发展集体经济的情况。还有城郊村与非城郊村，非公经济组织发育的村和非公经济组织不发育的村，如此等等，它们在功能发挥的具体表现上会有所不同，因此，在实施考核中，要做到共性与个性相结合、相统一，采取更加符合实际的考核办法，准确评价村级党组织功能发挥的实际绩效。

二是要坚持上级党委政府的工作要求与群众的利益诉求相结合。笔者在J县调查时了解到，按照J县现行的考核办法，对村级党组织的考核，主要是以完成乡镇党委和政府年初安排的各项工作任务为基准的，虽然上级党组织安排的工作任务中也内涵了村庄群众的利益诉求，但由于乡镇党委、政府安排的工作任务是针对全乡镇所有村级党组织的，不可能包含每个村民的不同诉求。因此，具体到每个村的考核评价，必须将满足本村群众利益诉求的情况纳入进去。

三是要坚持绩效评价与绩效审计相结合。第一，要坚持过程与结果相结合，既要注重结果的评价，又要分析结果与行为的关联。在村级党组织功能发挥的实践中，有的绩效并不存在与行为的必然联系，如有的村集体资产比较雄厚，即便不努力，其集体经济状况与其他基础薄弱的村或空壳村相比，也会占有比较优势。那么对它的功能发挥绩效，就要重点审计它的集体资产保值、增值以及管理的情况。如果在这些方面无所作为，那么即使它的集体经济收入多于其他村，也不能得分。第二，要坚持平时考评与年终考评相结合，实行月度考评、季度考评、半年考评与年终考评相结合。通过平时考评，加强对过程的管理，通过对平时考评的分析，及时发现问题，及时调整策略，加以改进。第三，要实行考核主体考核审计与事件的参与者以及利益相关人参加审计相结合。对考核对象进行绩效考核审计时，要走访、调查事件参与者以及受益人，对功能发挥绩效的真实性进行甄别，最大限度地克服形式主义和弄虚作假行为，避免考核结果失真。

四要坚持定性与定量评价相结合。定性研究与定量研究之间不存在孰优孰劣的问题，它们发挥着各不相同的作用①。目前对村级党组织考核和评价往往侧重于使用量化的手段，在评价指标的选取上往往更多注重于可量化的事项而刻意回避人们的主观评价，造成考核内容不系统、不全面。事实上，对村级党组织功能发挥绩效的考核评价并非都是可以量化的，往往涉及很多主观性指标，如对服务态度的考核，就是一种主观性评价。因此，对村级党组织的考核评价既可以采用量化评价的方法，对不易量化的指标也可以采取定性评价的方法，具体采用哪种方法应该科学划定。从总体而言，采取定性评价与定量评价相结合的办法来衡量村级党组织功能发挥绩效，所得出的结果可能更全面、更客观、更真实。

三、创新功能发挥绩效的干预机制

绩效改进是指让绩效得以改进的过程以及改进结果的积极方面。绩效干预是指在完成绩效分析后，为改进绩效而选择、设计、开发和实施的程序、方法和计划。适当的绩效干预措施不但对组织当前有益，同时也对组

① 风笑天. 社会研究方法(第 4 版)[M]. 北京：中国人民大学出版社，2013：13.

织本来的发展有着深远的意义①。村级党组织功能发挥绩效干预机制就是基于村级党组织功能发挥绩效考核评价结果的反馈所采取的一系列旨在改进和提高村级党组织功能发挥绩效的解决方案，主要由绩效差距原因分析、绩效改进方案制定、绩效改进措施实施三个方面组成。

(一)分析功能发挥绩效的差距原因

“原因分析是寻找过去、现在或未来绩效差距根本原因的过程”②，原因分析是绩效改进的核心和基础。影响绩效高低、好坏的原因往往是非单因素的，而是由存在于多个环节、多个方面的多个因素共同作用的结果。因此，要从系统论的角度来分析绩效差距产生的原因。

要从村级党组织系统结构的角度来分析绩效差距产生的原因。村级党组织是一个行为系统，由组织系统与其所依存的外部环境，以及推动组织运行以保证其功能发挥的动力系统所构成。因此，分析绩效差距既要从村级党组织的内部系统寻找原因，也要从外部环境及动力系统探寻影响村级党组织功能发挥的相关因素。

要从政治活动开展的系统过程进行分析。村级党组织是一个政治组织，其政治活动的展开是一个由输入—转换—输出—反馈所构成的循环往复过程，村级党组织的功能发挥就是在其政治活动展开的过程中实现的。因此，在对村级党组织系统结构进行分析的同时，还要对其政治活动展开的全过程进行扫描，透视其原因。

从组织管理的系统环节进行分析。任何组织都必须进行管理活动，所谓组织管理就是在特定的环境下，组织所进行的计划、组织、领导和控制

① [美]达琳·M. 范提姆，詹姆斯·L. 莫斯利，琼·C. 迪辛格. 绩效改进基础：人员、流程和组织的优化[M]. 易红，姚苏阳，译. 北京：中信出版社，2013：6.

② [美]达琳·M. 范提姆，詹姆斯·L. 莫斯利，琼·C. 迪辛格. 绩效改进基础：人员、流程和组织的优化[M]. 易红，姚苏阳，译. 北京：中信出版社，2013：150.

活动，以达成组织既定目标的过程。因此，分析村级党组织功能发挥绩效差距也要从上述四个方面的管理过程中寻找原因。

（二）制定系统性绩效干预方案

如上所述，形成绩效差距的原因很多，具有系统性的特点，因此消除村级党组织功能发挥绩效差距的干预措施也必须实行系统化。首先，村级党组织要以绩效差距原因分析为基础，提出有针对性的能涵盖问题、困难或机会等各个方面的全方位的综合性的干预方案。其次，将制定村级党组织绩效改进方案与制定党员个人的绩效改进方案相结合，以组织绩效改进方案引领个人绩效改进方案。村级党组织功能发挥绩效的改进，必须通过全体党员的努力来实现，因此必须实行党员个人的绩效目标与组织的总体绩效目标的有机衔接。最后，绩效干预方案制定以后，要组织全体党员进行讨论，并广泛听取村民代表的意见和建议，对干预方案进行进一步完善，达成共识，为干预措施的实施打下坚实的群众基础。

（三）实施系统性绩效干预措施

一是建立预警系统。要通过对村级党组织功能发挥绩效经常性的考核评价措施，及时发现绩效偏差，发出预警信号，采取干预措施，避免差距扩大。

二是建立绩效改进支持系统。一方面村级党组织要经常和党员进行沟通，及时了解他们在履行岗位职责、实现绩效目标的实践中存在的困难和相关需求，从能力提升、资源供给、问题诊断、改进路径等方面提供及时有效的帮助；另一方面，要充分调动党员的积极性、主动性和创造性，为村级党组织功能发挥整体绩效的改进采取切实的行动。

三是实行组织变革管理。组织变革管理是“组织和个人主动设计和适应变革的过程，它是个人或群体从当前状态顺利过渡到期望状态的行动或过程"①。变革是绩效改进工作的核心内容和强大动力。村级党组织进行组织变革管理就是要突出功能发挥绩效导向，根据功能发挥绩效的状况，围绕功能绩效目标对工作流程、活动方式、人员结构、资源配置、管理方法等主动加以改进。

① [美]达琳·M. 范提姆，詹姆斯·L. 莫斯利，琼·C. 迪辛格. 绩效改进基础：人员、流程和组织的优化[M]. 易红，姚苏阳，译. 北京：中信出版社，2013：62.

结　语

本书以村级党组织功能发挥的机制建设为研究对象，以湖北省J县为样本，在对村级党组织功能发挥现状进行分析的基础上，回答了本书导论所提出的核心问题。即：在新时代背景下，应该建设什么样的机制以及如何建设这种机制以充分发挥村级党组织功能。

本书对村级党组织功能进行了界定。科学定位村级党组织功能，是构建有效的功能发挥机制的基础和前提。在马克思主义视域下，村级党组织功能是一个由根本功能与基本功能构成的有机整体。政治功能是根本功能，基本功能是根本功能的内在属性与实现形式，主要包括自身建设功能、领导功能、服务功能。这一定位克服了既有功能定位研究中简单套用西方政党功能理论，忽视村级党组织个性的不足，也避免了功能研究已有成果中存在的层次不清，不同位阶的功能相互交叉、相互混淆等问题。

本书构建了村级党组织功能发挥的系统分析框架。既有研究往往局限于对村级党组织功能发挥现象的考察和关系探讨，尚未建立相应的分析框架。本书视村级党组织为一个由组织体系与其所依存的外部环境和推动组织运行的动力所构成的行为系统，将体系建设、环境建设、动力建设作为影响其功能发挥的关键变量，从学理上分析了三者之间的内在关系、对功能发挥的影响及其作用机理，建构了村级党组织功能发挥的系统分析框架，为村级党组织功能发挥机制建设提供了学理依据和新的理论视野。

本书指出了村级党组织功能发挥机制建设的基本路径：

完善自身建设机制。任何组织都可以视为一个生态系统，由生命系统和其所处的外部环境在一定的空间结合而成，其功能发挥必须立基于生命体系的生存与发展。村级党组织作为一种政治组织，其生命系统由党员、领导班子成员、组织政治生态环境构成。只有按照新时代党的建设总要求，将党员队伍建设、领导班子建设、政治生态建设作为一个整体进行谋划，不断完善自身建设机制，才能切实提高党建质量，把村级党组织建设成为坚强的战斗堡垒，为充分发挥功能奠定坚实基础。

创新环境优化机制。从组织理论的视角来看，任何组织都是处于一个环境超系统中的分系统，其功能发挥受整个环境超系统的制约。改革开放以来，村级党组织所处的外部环境发生了深刻而巨大的变化，对村级党组织的功能发挥产生了双重效应。村级党组织必须在加强自身建设的同时，从问题导向出发，优化思想文化环境建设机制、党群互动机制、上级党组织和政府的制度支持机制，积极应对环境变化，扩大积极效应，抑制消极影响，为村级党组织功能发挥创造良好的外部条件。

创新动力建设机制。系统的结构方式、作用机理、演化机制都表明，事物的发展和功能发挥都必须依靠内部动力和外部动力的推动，但仅靠内部动力或外部动力的推动是不够的，至为关键的是要使二者有机结合，形成相互关联、相互促进的系统性动力，从而获得动力的整体涌现性效应。从问题导向出发，创新村级党组织功能发挥的动力建设机制，要以创新全面从严治党在村级落实的系统动力建设机制、创先争优的系统动力建设机制、村级党组织功能发挥绩效驱动的系统动力建设机制为重点，构建整体性的动力机制建设系统。

本书对如何通过机制建设充分发挥村级党组织功能进行了初步探讨，在理论上尚需进一步深化，而且本书的研究更多是对实践的提炼和总结，所得出的结论尚需要再回到实践中进行检验和完善，上述不足将是笔者今后研究的重点，也期待引起学界的关注和参与。

参考文献

一、中文著作

1. 马克思恩格斯文集(第 1、2、5、9、10 卷)[M]. 人民出版社，2009.

2. 马克思恩格斯全集(第 1、29 卷)[M]. 人民出版社，2002，2009.

3. 列宁选集(第 3 卷)[M]. 人民出版社，2012.

4. 列宁全集(第 30 卷)[M]. 人民出版社，1995.

5. 列宁专题文集(辩证唯物主义与历史唯物主义)[M]. 人民出版社，2009.

6. 列宁专题文集(论无产阶级政党)[M]. 人民出版社，2009.

7. 列宁专题文集(论社会主义)[M]. 人民出版社，2009.

8. 毛泽东选集[M]. 人民出版社，1991.

9. 毛泽东文集(第 2 卷)[M]. 人民出版社，1993.

10. 毛泽东年谱(1893—1949)(下)[M]. 中央文献出版社，2011.

11. 建国以来毛泽东文稿(第 4 册)[M]. 中央文献出版社，1990.

12. 邓小平文选(第 1 卷)[M]. 人民出版社，1994.

13. 刘少奇论党的建设[M]. 中央文献出版社，1991.

14. 江泽民文选(第3卷)[M]. 人民出版社，2006.

15. 江泽民论有中国特色社会主义(专题摘编)[M]. 中央文献出版社，2002.

16. 毛泽东 邓小平 江泽民论科学发展[M]. 中央文献出版社、党建读物出版社，2009.

17. 习近平. 决胜全面建成小康社会 夺取新时代中国特色社会主义伟大胜利——在中国共产党第十九次全国代表大会上的报告[M]. 人民出版社，2017.

18. 习近平谈治国理政(第一、三、四卷)[M]. 外文出版社，2018，2020，2022.

19. 习近平. 在“七一勋章”颁授仪式上的讲话[M]. 人民出版社，2021.

20. 习近平. 之江新语[M]. 浙江人民出版社，2007.

21. 习近平. 做焦裕禄式的县委书记[M]. 中央文献出版社，2015.

22. 习近平在第十八届中央纪律检查委员会第六次全体会议上的讲话[M]. 人民出版社，2016.

23. 习近平关于全面从严治党论述摘编[M]. 中央文献出版社，2021.

24. 习近平总书记重要讲话文章选编[M]. 中央文献出版社，2016.

25. 习近平关于“三农”工作论述摘编[M]. 中央文献出版社，2019.

26. 习近平总书记系列重要讲话读本[M]. 学习出版社，人民出版社，2014.

27. 十八大以来重要文献选编(上、中)[M]. 中央文献出版社，2014，2016.

28. 中国共产党党员教育管理工作条例[M]. 党建读物出版社，2019.

29. 中国共产党农村基层组织工作条例[M]. 党建读物出版社，2019.

30. 中共中央文件选集(第2卷)[M]. 中央党校出版社，1989.

31. 十九大党章修正案学习问答[M]. 党建读物出版社，2017.

32. 王沪宁. 行政生态分析[M]. 复旦大学出版社，1989.

33. 翟昌民. 乡村政治视域中的党建研究[M]. 中共党史出版社, 2010.

34. 肖纯柏. 农村基层党组织功能实现途径研究[M]. 人民出版社, 2011.

35. 王久高. 新时期中国共产党村级组织建设研究[M]. 人民出版社, 2010.

36. 费孝通. 江村经济[M]. 上海人民出版社, 2007.

37. 周淑真. 政党政治学[M]. 人民出版社, 2011.

38. 王浦劬. 政治学基础(第2版)[M]. 北京大学出版社, 2006.

39. 齐卫泽, 崔新民. 扮演好您的角色[M]. 中国方正出版社, 2015.

40. 阎云翔. 私人生活的变革——一个中国村庄里的爱情、家庭与亲密关系(1949—1999)[M]. 龚小夏, 译, 上海书店出版社, 2009.

41. 李克军. 乡村视野: "三农"问题的调查与思考[M]. 新华出版社, 2010.

42. 许国志. 系统科学[M]. 上海科技教育出版社, 2000.

43. 郑杭生. 社会学概论新修(第4版)[M]. 中国人民大学出版社, 2013.

44. 奚从清. 角色论[M]. 浙江大学出版社, 2010.

45. 王智. 当代中国政治结构变迁: 以执政党为中心的政党—政府—社会[M]. 中国社会科学出版社, 2010.

46. 卢盛忠. 管理心理学(第四版)[M]. 浙江教育出版社, 2013.

47. 梁宁建. 心理学导论[M]. 上海教育出版社, 2011.

48. 贺雪峰. 新乡土中国[M]. 北京大学出版社, 2013.

49. 彭真. 彭真文选[M]. 人民出版社, 1991.

50. 程同顺. 当代中国农村政治发展研究[M]. 天津人民出版社, 2000.

51. 谭培文. 马克思主义的利益理论——当代历史唯物主义的重构[M]. 人民出版社, 2013.

52. 姚锐敏. 乡村治理中的村级党组织领导[M]. 中国社会科学出版社，2004.

53. 费孝通. 乡土中国[M]. 上海人民出版社，2008.

54. 王盛开. 农村改革三十年：政策取向与利益诉求——改革开放以来中国共产党农村政策的历史考察与反思[M]. 中国社会科学出版社，2008.

55. 陈锡文. 中国农村制度变迁60年[M]. 人民出版社，2009.

56. 周雪光. 组织社会学十讲[M]. 社会科学文献出版社，2003.

57. 卢福营. 冲突与协调：乡村治理中的博弈[M]. 上海交通大学出版社，2006.

58. 周新芳. 农村基层民主建设研究[M]. 山东人民出版社，2013.

59. 梁开全，贺雪峰. 村级组织制度安排与创新[M]. 红旗出版社，1999.

60. 俞文钊. 现代激励理论与运用[M]. 东北财经大学出版社，2014.

61. 张德. 组织行为学[M]. 高等教育出版社，2011.

62. 刘永芳. 管理心理学[M]. 清华大学出版社，2016.

63. 李慎明. 居安思危——苏共亡党二十年的思考[M]. 社会科学文献出版社，2011.

64. 马作宽. 组织绩效管理[M]. 中国经济出版社，2009.

65. 风笑天. 社会研究方法(第4版)[M]. 中国人民大学出版社，2013.

66. 顾琴轩. 组织行为学(第2版)[M]. 上海格致出版社、上海人民出版社，2011.

67. 杨野平. 干部队伍素质系统理论与应用研究[D]. 华中科技大学，2003.

68. 赵大朋. 城乡统筹背景下村级党组织功能转型问题研究[D]. 华中师范大学，2012.

69. 于印辉. 我国农村公共产品供给问题研究[D]. 东北财经大学，

2010.

70. 魏小换. 我国村级党组织能力建设研究[D]. 大连海事大学, 2014.

71. 丁伟. 新形势下服务型农村基层党组织建设研究[D]. 中共中央党校, 2014.

72. 谌玉洁. 转型期农村基层党建的理论与路径研究[D]. 中共中央党校, 2014.

二、译著与外文文献

1. [美]塞缪尔·亨廷顿, 劳伦斯·哈里森. 文化的重要作用[M]. 程克雄, 译. 新华出版社, 2010.

2. [美]巴林顿·摩尔. 民主和专制的社会起源[M]. 拓夫, 译. 华夏出版社, 1987.

3. [美]埃莉诺·奥斯特罗姆. 公共事务的治理之道[M]. 余逊达, 译. 三联书店, 2000.

4. [美]道格拉斯·C. 诺斯. 经济史中的结构与变迁[M]. 陈郁, 罗华平, 等, 译. 上海人民出版社, 1994.

5. [美]加布里埃尔·A. 阿尔蒙德, 宾厄姆·鲍威尔. 比较政治学、体系、过程和政策[M]. 曹沛霖, 等, 译. 上海译文出版社, 1987.

6. [美]杰弗里·菲伟, 杰勒尔德·K. 萨兰基克. 组织的外部控制: 对组织资源依赖的分析[M]. 闫蕊, 译. 东方出版社, 2006.

7. [美] 艾伦·C. 艾萨克. 政治学: 范围与方法[M]. 胡谆, 等, 译. 浙江人民出版社, 1987.

8. [美]罗伯特·K. 默顿. 社会理论和社会结构[M]. 唐少杰, 等, 译. 译林出版社, 2006.

9. [美]詹姆斯·麦戈雷尔·伯恩斯. 领袖论[M]. 刘李胜, 译. 中国社会科学出版社, 1996.

10. [法]雷蒙·阿隆. 社会学主要思潮[M]. 葛智强，胡秉诚，王沪宁，译. 华夏出版社，2000.

11. [法]孟德斯鸠. 论法的精神(上)[M]. 张雁声，译. 商务印书馆，1982.

12. [英]达尔伯格·阿克顿. 自由与权力[M]. 侯健，范亚峰，译. 译林出版社，2011.

13. [美]诺斯. 经济史中的结构变迁[M]. 上海三联书店，1994.

14. [美]理查德·斯科特，杰拉尔德·F. 戴维斯. 组织理论：理性、自然与开放系统的视角[M]. 高俊山，译. 中国人民大学出版社，2011.

15. [意]安格鲁·帕尼比昂科. 政党：组织与权力[M]. 周建勇，译. 上海人民出版社，2013.

16. [美]理查德·L. 达芙特. 组织理论与设计(第10版)[M]. 王凤彬，张秀萍，等，译. 清华大学出版社，2011.

17. [美]氟莱蒙特·F. 卡斯特. 组织管理：系统方法和权变方法(第4版)[M]. 傅严，等，译. 中国社会科学出版社，2000.

18. [美]里奇·格里芬. 管理学(第8版)[M]. 孙健敏，等，译. 中国市场出版社，2006.

19. [美]卢西恩·W. 派伊. 交流的政治发展[M]. 普斯林顿大学出版社，1963.

20. [美]阿尔温·托夫勒，海蒂·托夫勒. 创造一个新的文明——第三次浪潮的政治[M]. 陈峰，译. 上海三联书店，1996.

21. [美]戴维·伊斯顿. 政治生活的系统分析[M]. 王浦劬，译. 人民出版社，2012.

22. [法]莫里斯·迪韦尔热. 政治社会学——政治学要素[M]. 杨祖功，王大东，译. 东方出版社，2007.

23. [美]迈克尔·罗斯金，等. 政治科学(第9版)[M]. 林霞，等，译. 中国人民大学出版社，2009.

24. [美]罗伯特·A. 达尔，布鲁斯·斯泰恩布里克纳. 现代政治分析

[M]. 吴勇，译. 中国人民大学出版社，2012.

25. [美]罗瑟尔·奥尔森. 集体行动的逻辑[M]. 陈郁，等，译. 上海人民出版社，1995.

26. [美]杜赞奇. 文化权利与国家：1900—1942 年的华北农村[M]. 王福明，译. 江苏人民出版社，2010.

27. [美]理查德·斯科特. 制度与组织——思想观念与物质利益[M]. 姚伟，王黎芳，译. 中国人民大学出版社，2010.

28. [美]安东尼·奥罗姆. 政治社会学导论(第 4 版)[M]. 张华青，等，译. 上海人民出版社，2014.

29. [新]杰瑞米·波普. 制约腐败[M]. 清华大学公共管理学院廉政研究室，译. 中国方正出版社，2003.

30. [美]赫尔曼·阿吉斯. 绩效管理[M]. 刘昕，等，译. 中国人民大学出版社，2013.

31. [美]西摩·马丁·李普塞特. 政治人：政治的社会基础[M]. 张绍宗，译. 上海人民出版社，2011.

32. [美]达琳·M. 范提姆，詹姆斯·L. 莫斯利，琼·C. 迪辛格. 绩效改进基础：人员、流程和组织的优化[M]. 易红，姚苏阳，译. 中信出版社，2013.

33. Viswesvaran C, Schmidt F L, Ones D S. The moderating influence of job performance dimensions on convergence of supervisory and peer ratings of job performance: Unconfounding construct-level convergence and rating difficulty [J]. Journal of Applied Psychology, 2002, 87(2).

34. Mishler W, Rose R. What Are the Origins of Political Trust? Testing Institutional and Cultural Theories in Post-communist Societies[J]. Comparative Political Studies, 2001, 34(1).

35. Adams B N. Interaction Theory and the Social Network[J]. Sociometry, 1967, 30(1).

36. Tang Wenfang. Populist Authoritarianism: Chinese Political Culture

and Regime Sustainability[M]. Oxford University Press, 2016.

37. Sebastian Heilmann. Maximum Tinkering Under Uncertainty: Unorthodox Lessons From China[J]. Modern China, 2009(35).

38. David Shambaugh. Xi Jinping's China: Going Backward to Move Forward[J]. Asia Policy, 2018(13).

39. Elizabeth Economy. Author's Response: The Third Revolution Is Real [J]. Asia Policy, 2018(13).

40. Barry Naughton. Is China Socialist? [J]. Journal of Economic Perspectives, 2017(1).

41. Yang Guobin. The Return of Ideology and the Future of Chinese Internet Policy[J]. Critical Studies in Media Communication, 2014(2).

42. Kerry Brown. The Belt and Road: Security Dimensions[J]. Asia European Journal, 2018(16).

43. Lin Chunfeng. From "poison" to "seeder": the gap between propaganda and xuanchuan is cultural[J]. Asian Journal of Communication, 2017 (5).

44. Ashley Esarey, Daniela Stockmann, Zhang Jie. Support for Propaganda: Chinese perceptions of public service advertising[J]. Journal of Contemporary China, 2017(103).

45. Melanie Manion. Chinese Democratization in Perspective: Electorates and Selectorates at the Township Level[J]. The China Quaterly, 2000(1).

46. Kevin O'Brien. Selective Policy Implementation in Rural China[J]. Comparative Politics, 1999(2).

47. Li LianJiang. The Empowering Effect of Village Electionns in China [J]. Asian Survey, 2003(4).

48. Robert Paster, Tan Qingshan. The Meaning of China's Election[J]. The China Quarterly, 2000(162).

49. Nye J S. Soft Power[J]. Foreign Policy. 1990, 80(80).

50. Harmel R, Zandana K. Parties and It's conditions [M]. Longman Press, 1982.

51. Larry Dimond, Matin P Watterberg. Political Parties and Democracies [M]. Johns Hopkins University Press, 2001.

52. Hibbing J, Christopher L. What the America Public Wants Congress to Be[M]. Washington Press, 2004.

三、相关期刊论文

1. 习近平. 坚持把解决“三农”问题作为全党工作重中之重 举全党全社会之力推动乡村振兴[J]. 求是, 2022(7).

2. 习近平. 牢记初心使命, 推进自我革命[J]. 求是, 2019(15).

3. 齐卫平, 宋瑞. 试析系统论思想与党的建设科学化[J]. 社会科学, 2012(7).

4. 刘云山. 在全国农村基层党建工作座谈会上的讲话[J]. 党建研究, 2015(8).

5. 王鹏程. 我国农村基层党组织运行机制和功能发挥研究[J]. 社会主义研究, 2011(6).

6. 吴梅芳, 周建庆. 农村基层党组织的主要功能与实现途径[J]. 求是, 2010(4).

7. 陈晓莉. 功能转换与实现: 多元化治理模式中的村级党组织[J]. 理论与改革, 2011(3).

8. 周敬青. 中国共产党基层组织建设的历史嬗变与现实思考[J]. 求是, 2012(5).

9. 陈宇宙. 农村基层党组织角色、功能定位及其实现途径[J]. 长白学刊, 2012(2).

10. 闫璐, 鲍振东. 农村基层党组织的功能定位及实现路径[J]. 人民论坛, 2011(32).

11. 李毅弘，杨雅涵. 新时代村级党组织组织力的生成：理论探析与现实观照[J]. 探索，2019(4).

12. 李蕴哲，戴玉琴. 乡村治理中基层党组织功能强化的三维审视[J]. 学海，2020(6).

13. 骆郁廷. 论精神动力的整合[J]. 武汉大学学报(人文科学版)，2004(57).

14. 陈善友. 农村基层党组织整体功能定位及其运行逻辑[J]. 人民论坛，2020(21).

15. 张书林. 新时代村级党组织组织力提升：动因、要义与路向[J]. 探索，2022(3).

16. 朱新山. 新时期农村基层党组织的运转现状与执政转型研究[J]. 毛泽东邓小平理论研究，2010(8).

17. 赵大朋，陈浩然. 城乡关系变迁视角下村级党组织的功能转型与实现[J]. 社会主义研究，2011(5).

18. 魏小换，吴长春. 当前村级党组织功能弱化的表现及其逻辑——基于湖北 H 村调查[J]. 甘肃理论学刊，2013(3).

19. 吴梅芳. 农村基层党组织作用发挥状况的调查与思考[J]. 理论探索，2013(3).

20. 谢忠平. 强化村级党组织整体功能研究——以天津市涉农区调研为例[J]. 中共天津市委党校学报，2018(2).

21. 陈善友. 乡村振兴背景下强化村党组织功能的若干路径——基于湖北 W 村的调查[J]. 中州学刊，2019(2).

22. 曾士花，李民. 农村基层党组织领导功能实现的四重维度[J]. 长白学刊，2020(2).

23. 刘立光. 乡村振兴视域下农村基层党组织政治功能探析[J]. 湖南社会科学，2022(3).

24. 范如平. 农村基层党组织凝聚力分析[J]. 科学社会主义，2014(3).

25. 林尚立. 基层组织：执政能力与和谐社会建设的战略资源[J]. 理论前沿，2006(9).

26. 王同昌. 新时代农村基层党组织功能创新及实现路径[J]. 中州学刊，2021(10).

27. 高振岗. 党内政治生态的评价指标体系构建及实践优化[J]. 探索，2017(1).

28. 周忠丽. "空心化"背景下农村基层党组织凝聚力建设研究[J]. 探索，2016(1).

29. 陈宇宙. 农村基层党组织角色、功能定位及其实现途径[J]. 长白学刊，2012(2).

30. 毛铖. 农村基层党组织在村集体经济发展中的关键性引领作用——基于南街村、周家庄与官桥八组的典型调查[J]. 中共福建省委党校学报，2019(4).

31. 韩喜平，刘雷. 建立不忘初心、牢记使命制度的内在逻辑[J]. 当代世界与社会主义，2020(1).

32. 柴宝勇. 政党功能：涵义与内在逻辑[J]. 长白学刊，2011(3).

33. 邵景均. 目标在于提高党员素质[J]. 求是，2005(8).

34. 余维法. 基层党组织生活质量的现状与建议——基于对广东省的实证分析[J]. 政治学研究，2011(5).

35. 中共四川省委组织部课题组. 严格党内政治生活问题研究报告[J]. 中国延安干部学院学报，2015(3).

36. 姜裕富. 民主集中制与党内政治生活制度保障[J]. 中国井冈山干部学院学报，2016(6).

37. 郑杭生，陆益龙. 开放、改革与包容性发展——大转型大流动时期的城市流动人口管理[J]. 学海，2011(6).

38. 甘露. 西部农村社会利益分化：维度、归因与前瞻[J]. 贵州社会科学，2013(9).

39. 张琛，董翀，孔祥智. 农村基层党组织建设的政策演进及完善建议[J]. 中国延安干部学院学报，2016，9(6).

40. 马维野，池珍燕. 机制论[J]. 科学学研究，1995(4).

41. 马桂萍，赵晶晶. 习近平关于乡村治理论述的科学内涵[J]. 科学社会主义，2020(1).

42. 李沛丽. “制度—生活”视角下的农村基层党建：挑战与对策[J]. 社会主义研究，2021(2).

43. 程又中. 百年大党先进性建设的历程与经验[J]. 社会主义研究，2021(4).

44. 汪仕凯. “新群众”和“老传统”：新时代中国共产党治国理政中的群众路线[J]. 探索，2020(2).

45. 蔡文成，张艳艳. 列宁关于无产阶级政党的党性原则及时代启示[J]. 社会主义研究，2020(2).

46. 郭慧超. 缺什么都不能缺信仰：学习党的领袖关于信仰的重要论述[J]. 毛泽东邓小平理论研究，2021(11).

47. 喻安伦. 社会角色理论磋探[J]. 理论月刊，1998(12).

48. 扎那. 农民党员的角色间冲突与平衡[J]. 中共浙江省委党校学报，2016，32(1).

49. 陈卫平. 角色认知的概念与功能初探[J]. 社会科学研究，1994(1).

50. 丁俊萍，邓旭峰. 农村基层党组织民主建设探析[J]. 湖北行政学院学报，2005(1).

51. 董江爱，张嘉凌. 基层党建视阈下的农村政治生态优化研究[J]. 长白学刊，2016(6).

52. 陈晓莉，钟海. 在全面从严治党中优化农村基层政治生态[J]. 理论探讨，2017(5).

53. 易新涛. 村党组织书记“一肩挑”的生成逻辑、内涵解析和实施指向[J]. 探索，2020(4).

54. 党国英. 通过制度创新改善党对农村的领导[J]. 中国改革，2000

(10).

55. 王久高. “两票制”、“一肩挑”和“一制三化”模式探讨[J]. 云南行政学院学报, 2007, 9(4).

56. 董江爱. “两票制”、“二推一选”与“一肩挑”的创新性——农村基层党组织执政能力建设的机制创新[J]. 社会主义研究, 2007(6).

57. 邸乘光. 试论净化党内政治生态及几个相关问题[J]. 中国延安干部学院学报, 2016, 9(6).

58. 冯留建, 张伟. 中共十八大以来净化政治生态的基本路径[J]. 中国高校社会科学, 2017(4).

59. 牛安生. 党性概念的传统内涵及现实思考[J]. 中国延安干部学院学报, 2015, 8(4).

60. 梁道刚. 关于党性及党性教育和党性修养的几个基本理论问题[J]. 岭南学刊, 2015(2).

61. 汪波. 政治学基本人性假设的再探讨——论”政治理性人”的基本逻辑[J]. 浙江社会科学, 2007(6).

62. 北京党建研究基地课题组. 北京郊区县基层党建工作创新情况的调查与思考[J]. 中国特色社会主义研究, 2007(2).

63. 严宏. 服务型马克思主义执政党建设: 基于党政关系的分析[J]. 探索, 2013(3).

64. 赵璐. 论新形势下基层党建工作的“破”“立”统一[J]. 学习论坛, 2017, 33(5).

65. 龙太江, 王邦佐. 经济增长与合法性的“政绩困局”——兼论中国政治的合法性基础[J]. 复旦学报(社会科学版), 2005(3).

66. 刘云山. 努力营造良好政治生态[J]. 实践(思想理论版), 2015(5).

67. 任中平. 民主集中制运行的现实困境与对策[J]. 理论视野, 2016(3).

68. 冯务中. “党的建设基本要求”的演变过程与实践意蕴[J]. 科学社

会主义，2020(3).

69. 吴桂韩. 中国共产党党内文化基本内涵探析[J]. 理论研究. 2009(4).

70. 李庚香. 发展积极健康的党内政治文化，全面净化党内政治生态——学习党的十九大报告体会之一[J]. 领导科学，2017(31).

71. 崔欣玉. 市场经济条件下奉献的困境探析——关于保持共产党党员初心与使命的思考[J]. 毛泽东邓小平理论研究，2021(8).

72. 史成虎. "三元主体"结构视角下党内政治文化的功能分析[J]. 社会主义研究，2021(3).

73. 张忠军. 让担当者敢于担当的制度思考[J]. 理论视野，2017(11).

74. 虞云耀. 按规律办事，抓住管党治党关键[J]. 求是，2015(12).

75. 张昆. 媒介发展与政治文明[J]. 新闻大学，2006(3).

76. 卢岚，徐志远，曾蔚. 网络思想政治教育：思想政治教育学的重要范畴[J]. 学术论坛，2006(10).

77. 谭丙华，柯文进. 思想政治教育接受的运行分析[J]. 思想教育研究，2015(4).

78. 杨嵘均，吴悠. 论网络虚拟公共领域去意识形态化的风险及其调适[J]. 毛泽东邓小平理论研究，2020(5).

79. 钟贤哲. "典型政治"：国家治理的逻辑[J]. 武汉理工大学学报(社会科学版)，2012(5).

80. 杜鹏. 迈向治理的基层党建创新：路径与机制[J]. 社会主义研究，2019(5).

81. 于建嵘. 村民自治：价值和困境——兼论《中华人民共和国村民委员会组织法》的修改[J]. 学习与探索，2010(4).

82. 袁方成. 民主治理如何可能——从村民自治到社区自治的考察[J]. 武汉大学学报(哲学社会科学版)，2016，69(4).

83. 韩鹏云. 村民自治实践样态与转型方向[J]. 中国特色社会主义研究，2015(1).

84. 徐勇. 拓展村民自治研究的广阔空间[J]. 东南学术，2016(2).

85. 余彪. 村民自治基本单位再认识与村级治理体系重塑——从广西W县S村调查谈起[J]. 西南大学学报(社会科学版)，2015，41(6).

86. 刘友田. 论村民自治对中国民主政治发展的意义[J]. 山东社会科学，2014(6).

87. 刘伟. 村民自治的运行难题与重构路径——基于一项全国性访谈的初步探讨[J]. 江汉论坛，2015(2).

88. 郝亚光，徐勇. 让自治落地：厘清农村基层组织单元的划分标准[J]. 探索与争鸣，2015(9).

89. 徐勇，吴记峰. 重达自治：连结传统的尝试与困境——以广东省云浮和清远的探索为例[J]. 探索与争鸣，2014(4).

90. 中国社会科学院农村发展研究所课题组. 村民自治的有效实现形式：村民自治体适度下沉[J]. 中国党政干部论坛，2015(7).

91. 邓大才. 中国农村村民自治基本单元的选择：历史经验与理论建构[J]. 学习与探索，2016(4).

92. 高新民. 建设“三型”马克思主义执政党——党建目标新定位[J]. 中国党政干部论坛，2013(2).

93. 刘强，马光选. 基层民主治理单元的下沉——从村民自治到小社区自治[J]. 华中师范大学学报(人文社会科学版)，2017，56(1).

94. 朱敏杰，胡平江. 两级自治：村民自治的有效实现形式——兼论农村基层民主实现的合理规模[J]. 社会主义研究，2014(5).

95. 郑铨史. 自然村设置村委会切莫一哄而上[J]. 乡镇论坛，2014(7).

96. 唐鸣，陈荣卓. 论探索不同情况下村民自治的有效实现形式[J]. 当代世界社会主义问题，2014(2).

97. 徐勇，赵德健. 找回自治：对村民自治有效实现形式的探索[J]. 华中师范大学学报(人文社会科学版)，2014，53(4).

98. 韩俊. 改革开放以来农村经济社会转型研究[J]. 经济研究导刊，

2008(2).

99. 罗兴佐. 第三种力量[J]. 浙江学刊，2002(1).

100. 周黎安，王珊珊. 什么是制度？我们如何理解制度？[J]. 经济社会体制比较，2000(6).

101. 刘培伟. 论国家的选择性控制政策对农村基层政权合法性的影响[J]. 浙江社会科学，2007(3).

102. 陈朋，齐卫平. 后农业税时代农民政治认同类型的实证分析——基于鄂湘川陕辽 72 个村庄的调查考察[J]. 社会科学，2008(2).

103. 彭正德. 民生政治：一种农民政治认同机制[J]. 当代世界与社会主义，2010(3).

104. 季丽新. 建国以来农民对党的政治认同：历程与启示[J]. 当代世界与社会主义，2010(5).

105. 马志敏，吴朝阳. 城乡统筹视阈下我国农村公共产品供给的路径探讨[J]. 经济问题，2013(5).

106. 惠怡安，马恩朴. 我国农村公共产品供给机制创新[J]. 宁夏社会科学，2013(3).

107. 李燕凌，周妍. 农村公共产品供给侧结构性改革的路径与政策架构[J]. 江苏农业科学，2017，45(19).

108. 杨华，王会. 重塑农村基层组织的治理责任——理解税费改革后乡村治理困境的一个框架[J]. 南京农业大学学报(社会科学版)，2011，11(2).

109. 陆学艺. 破除城乡二元结构，实现城乡经济社会一体化[J]. 社会科学研究，2009(3).

110. 李海金，危薇. 农村社区建设：城乡一体公共服务与治理体系的双向构建——以武汉市农村“家园建设行动计划”为分析对象[J]. 社会主义研究，2012(6).

111. 张明斗. 城乡一体化发展的体制创新策略[J]. 宏观经济研究，2017(2).

112. 厉以宁. 城乡二元体制改革关键何在[J]. 经济研究导刊，2008(4).

113. 贺雪峰. 城乡统筹路径研究——以成都城乡统筹实践调查为基础[J]. 学习与实践，2013(2).

114. 李燕凌. 县乡政府农村公共产品供给政策演变及其效果——基于中央“一号文件”的政策回顾[J]. 农业经济问题，2014，35(11).

115. 余梦秋，周灵，陈健生，陈家泽. 统筹城乡与均等化公共服务创新路径研究——以国家统筹城乡综合配套改革试验区成都为例[J]. 理论与改革，2011(3).

116. 方凯，王厚俊. 基于因子分析的农村公共品农民满意度评价研究——以湖北省农户调查数据为例[J]. 农业技术经济，2012(6).

117. 陈世伟. 我国农村公共服务供给主体多元参与机制构建研究[J]. 求是，2010(1).

118. 李武，胡振鹏. 农村公共物品供给模式及对策研究[J]. 江西社会科学，2012(3).

119. 吴根平. 我国城乡一体化发展中基本公共服务均等化的困境与出路[J]. 农业现代化研究，2014，35(1).

120. 刘卓珺，于长革. 中国财政分权演进轨迹及其创新路径[J]. 改革，2010(6).

121. 陈松友，刘帅. 制度治党：优化党内政治生态的现实性及路径选择[J]. 河南社会科学，2016，24(5).

122. 何克祥. 推进党的基层组织生活规范化、制度化探论[J]. 岭南学刊，2016(4).

123. 张晓山. 农村基层治理结构：现状、问题与展望[J]. 求索，2016(7).

124. 王建国，唐辉. 新时代中国共产党自我革命的内外动力及其互动——学习《习近平谈治国理政》第三卷[J]. 社会主义研究，2021(1).

125. 张露露，任中平. 当前农村基层党组织建设的困境与突破[J]. 理论导刊，2015(11).

126. 胡序杭，万慧进. 农村基层党建领导体制与工作机制探析[J]. 长白学刊，2008(4).

127. 李涛，刘雪焕. 扩大公民有序政治参与，完善权力监督制约机制[J]. 政治学研究，2008(3).

128. 黎瑞. 完善公民监督公共权力的效能保障机制——以群众监督对接和助推反腐机关组织监督为视角[J]. 求索，2017(6).

四、报纸、网络文献文章

1. 习近平. 严肃党内政治生活　净化党内政治生态　为全面从严治党打下重要政治基础[N]. 人民日报，2016-06-30.

2. 习近平. 改革开放 30 年党的建设回顾与思考[N]. 学习时报，2008-09-08.

3. 习近平. 领导干部要加强党性修养提高综合素质[N]. 人民日报，2009-03-02.

4. 习近平. 在党的群众路线教育实践活动总结大会上的讲话[N]. 人民日报，2014-10-14.

5. 习近平在第十二届全国人民代表大会第一次会议上的讲话[N]. 人民日报，2013-03-18.

6. 习近平：在庆祝中国人民政治协商会议成立 65 周年大会上的讲话[N]. 人民日报，2014-09-21.

7. 习近平. 在纪念毛泽东同志诞辰 120 周年座谈会上的讲话[N]. 人民日报，2013-12-27.

8. 历史使命越光荣，奋斗目标越宏伟，越要增强忧患意识，越要从严治党[N]. 人民日报，2014-10-09.

9. 关于新形势下党内政治生活的若干准则[N]. 人民日报，2016-11-03.

10. 龙国栋. 用好群众监督的探头[N]. 中国纪检监察报，2016-03-03.

11. 把革命老区发展时刻放在心上——习近平总书记主持召开陕甘宁革命老区脱贫致富座谈会侧记[N]. 人民日报，2015-02-17.

12. 贺雪峰. 没有村庄政治 好事也不好做[N]. 北京日报，2017-02-20.

后　记

本书的出版凝聚了很多人的心血，得到了很多方面的支持。在此我要特别感谢我的母校武汉理工大学和恩师邱观建、王盛开、蓝江、王智对我的教诲。我要特别感谢广东警官学院和马克思主义学院各位领导对我的教育和培养、各位同事对我的帮助。我还要特别感谢武汉大学出版社特别是聂勇军老师对我的精心指导，因本书而与武汉大学出版社和聂勇军老师结缘，实乃三生有幸！

我要特别感谢国家社科基金项目“马克思主义视域下中国城乡社会协同治理研究”(19BKS100)、广州市哲学社科规划 2022 年度课题(2022GZGJ213)、广东警官学院青年骨干教师培养计划(2020QNGG08)、广东警官学院院级项目(2022—QN07)给予我的资助。

无论走到哪里，我都不会忘记家乡的父老乡亲对我的关心。我永远不会忘记为了写作本书在监利市委组织部跟班学习和调研的日子，忘不了家乡的领导和我采访过的所有乡亲给予我的充满真情的鼓励和帮助。我永远感谢余晶、王迪、郑廷丰、王康和监利市委组织部的所有领导和同志，你们是我走入社会的真正导师。

我也要特别感谢我的家人，谢谢你们给予我爱的力量，陪我走过所有不平凡的路。

钟贤哲

2022 年 11 月